Petra Stamer-Brandt

# Stark-mach-Spiele

CHRISTOPHORUS

# Inhalt

# Vorwort

## „Starke“ Kinder haben’s leichter

Viele Kinder haben Schwierigkeiten, weil sie nicht in der Lage sind, mit anderen Menschen zu kooperieren, weil es ihnen an Selbstbewusstsein, Sprachkompetenz und körperlicher Fitness mangelt, weil ihre schulischen Leistungen nicht ausreichen oder weil sie in Kindergarten und Schule nur unzureichend auf das reale Leben vorbereitet wurden. Kinder lernen zwar heute schon im Kindergartenalter, ein Videogerät zu programmieren und geschickt die Playstation zu handhaben, können als Erwachsene aber häufig nicht selbstsicher auftreten oder Konflikte angemessen lösen.

Um in unserer immer komplexer und komplizierter werdenden Welt zurechtkommen zu können, brauchen Kinder von heute vor allem Stärken wie Selbstbewusstsein, Teamfähigkeit, Sprachkompetenz, Konfliktfähigkeit und Organisationstalent. Schließlich sollen sie einmal in der Lage sein, Krisen zu erkennen und zu bewältigen. Dazu müssen sie fähig sein, immer wieder nach neuen Lösungen zu suchen und sich auch von anderen Menschen helfen zu lassen. Außerdem sollten sie dabei möglichst immer optimistisch bleiben. Diese Fähigkeiten nennen Fachleute Resilienz. Ein resilientes Kind besitzt Widerstandskraft und lässt sich nicht unterkriegen. Es hat erfahren, dass es immer Lösungsmöglichkeiten gibt und es stärker ist, als es glaubt. Ein resilientes Kind ist wie ein Boxer, der niedergeschlagen wird und trotzdem immer wieder aufsteht und den Kampf weiterführt.

Für Erwachsene ist es wichtig zu wissen, dass

- Kinder am besten und mit nachhaltiger Wirkung lernen, wenn sie eigenständig lernen und eigene Erfahrungen sammeln;
- Erfahrung mehr bewirkt als stundenlange Belehrungen;
- Engagement, soziales Verhalten, problemlösendes Denken die Fähigkeiten sind, die Eltern und Pädagogen ihren Kindern vermitteln müssen;
- es oft wirkungsvoller ist, Fragen zu stellen, statt vorgefertigte Antworten zu geben.

## Fünf Basiskompetenzen für ein autonomes Leben

Dieses Buch bietet spielerische Hilfen für den Umgang mit Kindern, die einmal selbstständig das eigene Leben bewältigen sollen. Mindestens fünf Basiskompetenzen wie Selbstbewusstsein, Kommunikationsfähigkeit (Sprachkompetenz), Teamfähigkeit, Resilienz und die Fähigkeit, Konflikte zu bewältigen, sind für ein autonomes Leben notwendig.

Die Stark-mach-Spiele sind so ausgewählt, dass sie auf den Erwerb dieser Kompetenzen abzielen. Die Kinder erfahren im Spiel und durch eigene Erfahrung, dass sie über Stärken verfügen und über welche Stärken sie verfügen. Sie erfahren, dass die Stärke darin bestehen kann, gut mit anderen Kindern kooperieren zu können, geistig beweglich oder besonders kreativ zu sein. Jedes Kind hat seine eigenen, seine ganz besonderen Stärken, auf die es stolz sein kann.

## Stärke entwickeln ist ein ganzheitlicher Prozess

Das Buch gibt für alle Kinder Anregungen, für Bewegungsmuffel und Stubenhocker ebenso wie für kleine Einsteins oder Rambos. Stärke entwickeln ist ein ganzheitlicher Prozess, bei dem die kognitive, soziale und emotionale Kompetenz und die Freude an der Bewegung gefördert werden.

Die Spiele sind vorwiegend ohne großen Material- und Vorbereitungsaufwand durchzuführen, sie laden fast immer viele Kinder zum gemeinsamen Spiel ein und fördern so auch den Zusammenhalt zwischen den Kindern.

# Das Selbstbewusstsein stärken

## Jedes Kind ist ein besonderes Kind

### Ich kann etwas, was du nicht kannst

Alle spielen mit
Für alle Altersgruppen geeignet
Spieldauer: ca. 20 Minuten oder mehr

Alle Kinder sitzen im Kreis. Ein Kind beginnt zu erzählen: „Ich kann etwas, was du nicht kannst, und das mache ich jeden Tag." Nun raten die anderen Kinder, um welche Fähigkeit es sich handeln könnte: „Kannst du deine Schnürsenkel alleine binden?" „Hast du dir dein Frühstücksbrot alleine gemacht?" Wird nicht richtig geraten, kommt ein weiterer Hinweis:
„... Das hat etwas mit meiner Kleidung zu tun",
„... Darüber freut sich meine Mutter ganz besonders", „... Das habe ich von Mona gelernt ..."
Wer richtig geraten hat, darf das nächste Rätsel stellen.

### Zirkusspiele

Alle spielen mit
Für alle Altersgruppen geeignet
Material: Luftballons, Seidentücher, Leinen, Seile, diverse Jonglageartikel, Schaumstoffgewichte, Seile, Zauberzubehör
Spieldauer: an mehreren Tagen mindestens 30 Minuten

Stellen Sie den Kindern viele unterschiedliche Möglichkeiten und Materialien zu Zirkusspielen zur Verfügung. Dabei können sie ausprobieren, wo ihre Fähigkeiten liegen, und mithilfe einfacher Mittel und Kunststücke Erfolgserlebnisse haben. Die Kinder können

- mit zwei bis vier Seidentüchern jonglieren, das gelingt auch motorisch weniger begabten Kindern,
- sich Luftballonkunststücke ausdenken,
- sich als Clown oder Wahrsager präsentieren,
- mit Schaumstoffgewichten als Gewichtheber auftreten,
- zaubern,
- Tierdressuren einüben (die Tierrollen werden auch von den Kindern übernommen),
- auf einem Seil, das am Boden liegt, einen Seiltanz vorführen.

Kinder haben eine bestimmte Auffassung, ein Bild von sich selbst. Das stimmt nicht unbedingt mit der Wirklichkeit überein und führt deswegen zu Verhaltensweisen, die das Kind selbst oder das Zusammensein mit anderen Menschen unnötig beeinträchtigen. Wenn es einem Kind z. B. an Mut fehlt, kann es ganz einfach daran liegen, dass es nie Gelegenheit hatte herauszufinden, welche verschiedenen Dinge es wirklich gut kann. Im Rahmen der Zirkusspiele erhält jedes Kind die Möglichkeit, seine individuelle Begabung zu entdecken und sie öffentlich vorzuführen. Das macht Mut und stärkt das Selbstbewusstsein.

## Flaschendrehen

Alle spielen mit
Für alle Altersgruppen geeignet
Material: eine Flasche
Spieldauer: ca. 20–30 Minuten

Alle sitzen im Kreis. Ein Kind dreht eine Flasche auf dem Boden. Bleibt die Flasche liegen, zeigt der Flaschenhals auf ein Kind, das folgende Fragen beantworten könnte: Erzähle mir

- was du ganz besonders gut kannst,
- welches Spiel dir am besten gefällt,
- wem du in letzter Zeit einmal geholfen hast,
- worüber du dich heute gefreut hast,
- was du gar nicht gerne tust,
- was du gerne lernen möchtest,
- wovor du dich fürchtest,
- was dich häufig ärgert,
- mit welchen Menschen du dich wohl fühlst.

**Wer über sprachliche Kompetenz verfügt, hat es im Leben leichter als andere. Sprache ist ein wichtiges Verständigungsinstrument, um Wissen zu erwerben und Wissen weiterzugeben. Bei diesem Spiel üben die Kinder nicht nur ihre kommunikativen Fähigkeiten, sie setzen sich auch inhaltlich mit ihrem Tun im Alltag auseinander. So lernen sie sich zu äußern und Gefühle zu benennen. Das kann Mut machen, auch in realen Situ-ationen über Erfahrungen zu sprechen.**

## Ich kann verzichten

Alle spielen mit
Für alle Altersgruppen geeignet

Jedes Kind nimmt sich etwas vor, auf das es den ganzen Tag verzichten wird. Das sollte möglichst etwas sein, das ihm auch ein bisschen schwer fällt. Vielleicht verzichtet

- Celine auf Süßigkeiten,
- Noah auf das Spiel mit den geliebten Bausteinen,
- Nele auf ihren Lieblingskuschelplatz und
- Tomas trinkt Mineralwasser statt süßen Tee

Auch Verzicht bedeutet Stärke. Obwohl die Armut bei Kindern immer stärker zunimmt, kennen viele Kinder keinen Verzicht. Selbst Eltern, denen es wirtschaftlich nicht so gut geht, überhäufen ihre Kinder gerne mit Konsumgütern.

## Wer kennt sich aus?

Alle spielen mit
Für alle Altersgruppen geeignet
Spieldauer: ca. 20–30 Minuten

Laden Sie die Kinder zu einem Experiment ein. Bei dem Experiment werden die Kinder etwas über sich selbst und etwas über die anderen Kinder erfahren. Sie werden ihre Stimmen vergleichen und über Geheimnisse sprechen.

- Nehmen Sie die Stimmen der Kinder auf, um sie zu vergleichen.
- Die Kinder fotografieren sich gegenseitig lachend, weinend etc. Die vergrößerten Fotografien werden an die Wand gehängt und verglichen.
- Alle Kinder malen ein Geheimnis auf ein Blatt Papier. In kleinen Gruppen sprechen die Kinder über ihre Geheimnisse und stellen Unterschiede fest.
- Die Kinder betrachten im Handspiegel ihre Augen und zeichnen sie, stark vergrößert, auf ein Blatt Papier. Daraus kann ein Ratespiel werden. Zu wem gehören welche Augen?

## Wir sind unterschiedlich und haben Gemeinsamkeiten

Alle spielen mit
Für alle Altersgruppen geeignet
Spieldauer: ca. 15 Minuten oder mehr

Sie stellen sich in die Mitte des Raumes und rufen verschiedene Kinder mit unterschiedlichen Merkmalen zu sich. Damit das nicht so langweilig ist, fordern Sie die Kinder auf, in einer bestimmten Gangart zu kommen. Das könnte dann so aussehen:

- Alle Kinder mit blonden Haaren hüpfen zu mir.
- Alle Kinder mit Sommersprossen fassen sich an und kommen in einer langen Schlange zu mir.
- Alle Jungen kriechen zu mir.
- Alle Mädchen kommen im Rückwärtsgang zu mir.
- Alle Kinder mit braunen Augen rutschen auf dem Po zu mir.
- Alle Kinder, denen ein Schneidezahn fehlt, kommen auf einem Bein zu mir gehüpft.

Sie können das Spiel erweitern, indem Sie weitere Aufgaben stellen, wenn die Kinder bei Ihnen stehen:

- Schaut euch mal eure wunderschönen braunen Augen an.
  - Umarmt euch alle.
    - Klatscht, so laut ihr könnt.

## So bin ich

Alle spielen mit

Für alle Altersgruppen geeignet

Spieldauer: ca. 15 Minuten

Alle Kinder sitzen mit Ihnen im Kreis. Sie haben einen kleinen Ball, den Sie den Kindern nacheinander zuwerfen. Dabei beginnen Sie einen Satz, den das Kind, das den Ball fängt, beendet oder aber durch Gestik, Mimik, Geräusche ergänzt:

- Wenn du ganz froh bist, machst du so.
- Wenn du traurig bist, dann...
- Wenn du neugierig bist ...
- Wenn du einen Schreck bekommst ...
- Wenn du Angst hast ...
- Wenn du schüchtern bist ...

Die Kinder zeigen, wie sie in verschiedenen Situationen reagieren, und sie erkennen, dass jedes Kind anders aussieht, es aber auch Gemeinsamkeiten gibt.

## Schatzkästlein und Wunschbaum

Alle spielen mit

Für alle Altersgruppen geeignet

Material: für jedes Kind 10 weiße und 10 gelbe Blankokarten, einen großen Bogen Plakatpapier (Kindergarten- oder Bastelbedarf), ein Kasten, in den die Karten passen, Klebstoff, Schere, Stifte, Illustrierte

Spieldauer: ca. 20–30 Minuten

Die Karten werden bemalt oder mit ausgeschnittenen Illustriertenteilen beklebt. Auf den weißen Karten werden die Fähigkeiten dargestellt, die die Kinder schon gut beherrschen. Auf die gelben Karten gehören die Dinge, die das Kind gerne noch lernen oder bei denen es sich noch verbessern möchte. Dabei kommt es gar nicht auf das Zeichentalent der Kinder an, sie können ganz einfache Symbole erfinden oder ein unvollständiges Bild durch Erzählungen ergänzen. Sind alle Kinder mit ihrer „Arbeit" fertig, stellen sie ihre Ergebnisse vor. Dann legen Sie die weißen Karten in das von Ihnen vorbereitete Schatzkästlein und kleben die gelben Karten auf einen Wunschbaum. Als Wunschbaum kann ein großer Zweig dienen, den Sie in eine Bodenvase stellen, oder Sie zeichnen einen Wunschbaum auf eine große Plakatpappe.
Sie sollten in einem anschließenden Gespräch auch klären, was gemeinsam getan werden kann, um die Wünsche der Kinder zu realisieren.

**Auch kleine Kinder können schon die eigenen Fähigkeiten erkennen und sich Ziele setzen. Die Ziele sind ganz individuell und jedes Kind ist aktiv am Erreichen seines Ziels beteiligt. Die Dokumentation in Form des Wunschbaumes macht es leichter, sich immer wieder die gesteckten Ziele in Erinnerung zu rufen und sich über das Erreichte zu freuen.**

## Das Besondere an dir

Alle spielen mit
Für alle Altersgruppen geeignet
Spieldauer: ca. 20 Minuten

Ein Kind, z. B. Paula, verlässt den Raum. Die anderen Kinder sitzen im Kreis und denken darüber nach, was es von Paula zu erzählen gibt, welche Besonderheiten sie von Paula kennen. Sie machen mit den Kindern aus, dass bei diesem Spiel keine „schlimmen" und verletzenden Dinge genannt werden dürfen, durchaus aber positive und auch witzige.

Wenn Paula wieder in den Gruppenraum kommt, setzt sie sich auf ein dickes Kissen in die Kreismitte und die Kinder beginnen zu erzählen: „Ich hab` gehört, du naschst so gerne Gummibären", „... Du hast gestern die Frühstücksbecher abgewaschen", „... Du kannst so lustige Geschichten erzählen", „... Du kannst schon eine Schleife binden".

Paula hört nur zu. Sie darf aber anschließend erzählen, wie ihr die genannten Dinge gefallen haben und was sie besonders gern gehört hat. Wenn Paula aufsteht, darf sich ein anderes Kind in die Kreismitte begeben.

Kennen die Kinder das Spiel, muss kein Kind den Raum verlassen. Das Spiel kann dann auch spontan gespielt werden.

**Jedes Kind ist einzigartig. Wir haben zwar alle eine Nase und wir benutzen alle unsere Füße zum Gehen. Trotzdem sind auch alle Nasen unterschiedlich und ist jede Bewegung eine individuelle. Auch an der Bewegung ist jeder zu erkennen. Wer kennt noch andere Erkennungs- und Unterscheidungsmöglichkeiten? Besprechen Sie mit den Kindern auch, ob sie die Schritte von Familienmitgliedern am Klang unterscheiden können, ob sie Stimmen und zurückgebliebene Haare in der Bürste zuordnen können.**

## Nasen raten

Alle spielen mit
Für alle Altersgruppen geeignet
Material: ein Bettlaken, das in den Türrahmen gespannt wird
Spieldauer: ca. 15 Minuten

Vier Kinder verlassen den Raum. Sie setzen eine Mütze auf, die Kopf und Augen verdeckt. Sie führen die Kinder hinter das Bettlaken. Dort strecken sie nur die Nase über das Laken. Die vor dem Laken sitzenden Kinder raten, welche Nase zu welchem Kind gehört.
Das Spiel wird mit den anderen Kindern wiederholt. Alle Nasen sollten einmal über das Bettlaken geschaut haben.

## Maskenspiel

Alle spielen mit
Für alle Altersgruppen geeignet
Material: 4 Masken, 4 gleiche Jogginganzüge
Spieldauer: ca. 20 Minuten

Vier Kinder verlassen den Raum. Sie ziehen alle den gleichen Jogginganzug an und setzen eine Maske auf. So verkleidet gehen sie in den Gruppenraum, wo die anderen Kinder einen Kreis gebildet haben. Die Kinder im Kreis raten, wer sich hinter den durch die Kreismitte tobenden maskierten Kindern verbirgt.

## Rollen- und Kleidertausch

Alle spielen mit
Für alle Altersgruppen geeignet
Spieldauer: ca. 20 Minuten

Zwei Kinder, z. B. Tina und Martin, tauschen ihre Rollen. Dabei tauschen sie zuerst einige Kleidungsstücke, z. B. die Jacken, Mützen oder Schuhe. Dann stellt sich Martin der Gruppe als Tina vor und sagt: „Ich heiße Tina und habe die ganze Woche über kein anderes Kind geärgert!" oder: „Ich bin Tina und liebe über alles Schokoküsse." Anschließend tritt Tina als Martin in die Kreismitte. Nach der ersten Spielrunde wird gemeinsam beraten, ob die Vorstellungen den Tatsachen entsprechen. Dann dürfen zwei andere Kinder eine weitere Spielrunde bestreiten.

**Im täglichen Leben nehmen Kinder sich nicht unbedingt als individuelle Persönlichkeit wahr. Spiele können dabei helfen, den Kindern ins Bewusstsein zu rücken, dass jedes Kind ein besonderes Kind ist und dadurch ein gemeinsames Spiel erst richtig attraktiv wird. Jeder kann sich auf seine individuelle Weise einbringen und von der Andersartigkeit der anderen Kinder lernen. Wer sich selbst als Persönlichkeit wahrnimmt, lernt auch die Persönlichkeit anderer Menschen zu schätzen.**

# Verantwortung übernehmen

Jedes Kind kann mit entscheiden

## Gruppenregeln

Alle spielen mit
Für alle Altersgruppen geeignet
Material: Papier und Stifte
Spieldauer: ca. 30 Minuten

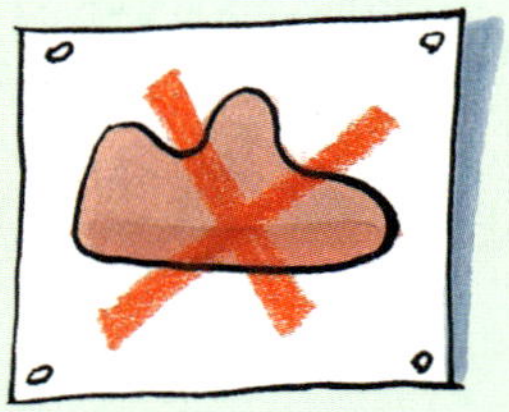

Kindergartenkinder kennen schon viele Regeln. Lassen Sie sich in gemütlicher Runde von den Kindern erzählen, welche Regeln sie kennen. In einem nächsten Schritt suchen Sie mit den Kindern gemeinsam nach Zeichen oder Symbolen für diese Regeln: Das Bild von einem Schuh, der rot durchgestrichen ist, bedeutet: Hier sind keine Straßenschuhe erwünscht.
Wenn die Kinder eine ganze Reihe von Regeln notiert haben, besprechen und bewerten sie jede einzelne Regel. Die Kinder sollen sich selbst Gedanken darüber machen, welchen Sinn eine Regel hat. Das wird eine kontroverse Diskussion zwischen den Kindern auslösen. Sie sollen jedoch mit folgendem Bewertungsschema Einigung erzielen: * * * eine prima Regel, * * eine notwendige Regel, * keine gute Regel

Die Kinder können sich auch in kleine Gruppen oder Paare aufteilen, die sich dann jeweils drei für sie wichtige Regeln ausdenken oder benennen, in die Großgruppe einbringen und noch einmal zur Diskussion stellen. Anschließend besprechen Sie am besten mit den Kindern, wer für die Einhaltung der Regeln verantwortlich ist und welche Folgen Nicht-Einhaltung hat.

## Wir bestimmen mit

Alle spielen mit
Für alle Altersgruppen geeignet
Spieldauer: zwischen 5 und 15 Minuten

Jedes Kind sollte im Kindergartenalltag die Gelegenheit bekommen, die eigenen Wünsche und Bedürfnisse zu äußern. Gut wäre es, wenn die Kinder selbst Vorschläge für die Form ihrer Mitbestimmung entwickeln würden. Sind sie damit noch überfordert, können Sie Vorschläge machen.

*Morgenkreisgespräch*

Kinder und Pädagogen treffen sich zum Morgenkreis. Dort wird nicht nur gesungen und gespielt, sondern jedes Kind kann, wenn es möchte, seine Wünsche äußern, Kritik anbringen oder von wichtigen Ereignissen berichten.

*Gesprächsgong*

An einem zentralen Ort wird eine Glocke oder ein Gong deponiert. Möchte ein Kind etwas mitteilen oder einen Wunsch äußern, schlägt es den Gong und alle kommen im Stuhlkreis zusammen. Sie brauchen sich keine Sorgen machen, die Praxis zeigt, dass nach einer Weile des Übens alle Kinder vernünftig mit dem Gong oder der Glocke umgehen können. Sie werden tatsächlich nur dann benutzt, wenn es etwas Wichtiges zu sagen gibt. Die Kinder entdecken sehr schnell, dass es störend ist, wenn die Glocke pausenlos betätigt wird, deswegen gehen sie im eigenen Interesse sensibel damit um. So ist schon manche Projektidee entstanden.

**Kinder müssen demokratische Umgangsformen lernen. Dafür brauchen sie Gelegenheiten, die Sie bereitstellen sollten. Am besten funktioniert die Mitbestimmung, wenn sie nicht nur gelegentlich, sondern kontinuierlich eingeübt wird. Die besten Experten für Kinder sind die Kinder selber.**

**Kindern macht es Spaß zu helfen. Sie sind stolz darauf, wirklich gebraucht zu werden, und erfahren, dass sie eine wichtige Hilfe sein können. Wer früh erfährt, dass Hilfe, auch wenn sie nicht immer perfekt ist, erwünscht ist und eine positive Reaktion auslöst, hilft auch später gerne. Kinder sollten in der KiTa erfahren: Deine Hilfe bringt uns weiter, es ist toll, was du alles schon kannst, und wir sind froh, dass du Verantwortung übernimmst.**

## Der Ämterplan

Alle spielen mit

Für alle Altersgruppen geeignet

Spieldauer: ein Amt sollte sich schnell erledigen lassen 15 Minuten nicht überschreiten

Kinder können in der Kindertagesstätte für folgende Bereiche Verantwortung übernehmen:

- die Spülmaschine ein- und ausräumen,
- den Tisch decken und wieder abräumen,
- Kerzen anzünden (das müssen sie vorher unter Anleitung geübt haben und die Pädagogin steht daneben),
- beim Zubereiten des Essens helfen,
- den Frühstückswagen herrichten,
- Getränke in Krüge füllen,
- fegen, Staub saugen, den Tisch und die Fensterbänke abwischen,
- den Mülleimer leeren,
- den Kompost rausbringen,
- einen Materialschrank in Ordnung halten,
- für einen Kräutergarten auf der Fensterbank Verantwortung tragen.

## Der Ausstellungstisch

Alle spielen mit
Für alle Altersgruppen geeignet
Material: ein langer Ausstellungstisch, Dekorationsmaterial
Spieldauer: der Tisch sollte längere Zeit stehen bleiben

Im Eingangsbereich steht ein langer Tisch, auf den die Kinder alles stellen können, was sie momentan bewegt, was sie gefunden haben, was ihnen begegnet ist. Das kann ein tolles Bilderbuch sein oder ein leeres Schneckenhaus, eine Hand voll Kastanien oder die alte Mütze eines Polizisten. Die ausgestellten Stücke regen die anderen Kinder an, auch Dinge zu sammeln und sich von den Ideen und Themen anstecken zu lassen.
Bevor der Kindergartentag zu Ende geht, sollten Sie gemeinsam den Ausstellungstisch bewundern und besprechen, welche neuen Anregungen er geliefert hat.

## Wandzeitung

Alle spielen mit
Für alle Altersgruppen geeignet
Material: Papier, Stifte, Schnippelbücher (das sind Bücher, die extra mit Figuren und Symbolen zum Ausschneiden versehen und im Buchhandel erhältlich sind), Illustrierte, alte Kataloge, Klebstoff, Scheren, eine große Bahn Plakatpapier oder Packpapier, Pinnnadeln
Spieldauer:
ca. 30 Minuten

Im Eingangsbereich hängt ein großes, leeres Poster. Davor stehen Materialschachteln oder Körbe, in denen alle Materialien liegen, die für die Gestaltung einer Wandzeitung notwendig sind. Durch das Materialangebot können Sie natürlich auch ein wenig das Spiel steuern. Legen Sie Tier- oder Zirkusbilder in den Korb, wird ein anderes Ergebnis erzielt, als wenn Blumensamen oder Muscheln angeboten werden. Ein vielfältiges Angebot ist jedoch wichtig.
Die Kinder können alles, was sie bewegt und was sich anpinnen, kleben oder malen lässt, an der Wand anbringen. Sie dürfen auch Material aus dem Elternhaus verwenden. Bevor der Kindergartentag endet, versammeln sich alle vor der Info-Wand und betrachten und besprechen alles.
So entstehen viele Impulse für die Auseinandersetzung mit neuen Themen. Die Kinder werden angeregt, weitere Informationen zu sammeln. Auch Eltern bekommen Anregungen und sehen, mit welchen Dingen sich ihre Kinder in der Tagesstätte beschäftigen. Das Team sollte sich zur Aufgabe machen, die Wandzeitungsergebnisse später noch einmal gründlich anzuschauen und sich zu fragen:

- Was bewegt die Kinder gerade? Was möchten sie uns mit ihren Darstellungen mitteilen?
- Sind es einzelne Kinder, die sich für ein spezielles Thema interessieren, oder gibt es etwas, was gerade für fast alle Kinder relevant ist?
- Über was ärgern sich die Kinder gerade?

- Welche Anregungen der Kinder greifen wir sofort auf?
- Welche Anregungen können zu einem späteren Zeitpunkt verwendet werden?
- Welche Bereiche besprechen wir noch einmal als Gruppenthema?
- Wo geben wir Impulse, indem wir weitere Bilder, Symbole oder Zeichnungen anfügen?
- Zu welchen Themen können die Kinder, Eltern oder Pädagogen weiteres Material sammeln?
- Ergeben sich aus der Wandzeitung Projektideen oder Gesprächsanlässe?

## Spielregeln erklären

Alle spielen mit
Für alle Altersgruppen geeignet
Spieldauer: ca. 5 Minuten

Erwachsene neigen dazu, Kinder zu unterfordern. Sie übernehmen selbst ungefragt viele Aufgaben, die die Kinder in eigener Regie regeln könnten. Machen Sie es sich zur Angewohnheit, zunächst die Kinder zu fragen:
„Wer kennt das Spiel und möchte es erklären?"
oder:
„Mara, du weißt, wie das Spiel geht, magst du es den anderen erklären?"
oder:
„Timm, ich habe gesehen, dass du weißt, wie die Schachtel gefaltet wird. Kannst du Linus helfen?"
oder:
„Ich möchte euch gerne ein paar Bilder zeigen. Wer mag den Dia-Projektor aufbauen?"

## Das Centstück suchen

Alle spielen mit
Für alle Altersgruppen geeignet
Material: ein Centstück
Spieldauer: ca. 10 Minuten

Sie verstecken ein Centstück im Raum, und zwar so, dass es noch ein wenig zu sehen ist. Die Kinder gehen suchend durch den Raum. Sie sollen dabei ganz leise sein und ihre Freude nicht zeigen, wenn sie das Geldstück entdeckt haben, sondern sich nach einer kurzen Weile still auf den Platz setzen. So ist es den anderen Kindern nicht möglich, an der Reaktion zu erkennen, an welcher Stelle das Centstück versteckt ist.
Wenn nur noch 3–4 Kinder übrig geblieben sind, helfen Sie ihnen, indem Sie warm oder kalt rufen. In der nächsten Runde versteckt eines der Kinder, die bis zum Schluss gesucht haben, das Centstück.

Das Besondere an diesem Spiel ist, dass die Kinder sich nicht laut freuen dürfen, wenn sie das Centstück entdeckt haben. Sie lernen, sich still zu freuen, damit die anderen Kinder auch die Chance bekommen, es zu finden.

# Resilienz einüben

Jedes Kind kann Krisen meistern

## Was tun, wenn ...

Alle spielen mit

Für alle Altersgruppen geeignet

Material: Fotos, Bildkarten

Spieldauer: ca. 20 Minuten

Bereiten Sie einige Fotos oder Bildkarten vor, die Situationen zeigen, in denen es scheinbar zu Konflikten kam oder noch kommen wird. Die Kinder sitzen im Kreis und betrachten eine Bildkarte. Auf den Karten können Situationen gezeigt werden, in denen ein kleines Kind von einem großen Jungen bedroht wird, eine Frau einen großen Hund von der Leine lässt, obwohl ein ängstliches Kind im Park steht, ein Erwachsener sich an der Supermarktkasse vordrängelt, ein Kind sich offensichtlich verlaufen hat und nicht weiterweiß, eines ins Krankenhaus gefahren wird und ein trauriges Gesicht macht, ein Kind offensichtlich am Rande einer Spielgruppe steht und nicht mitmachen darf. Sinnvoll ist es auch, wenn Sie Problemsituationen auswählen, die Sie aus Ihrer Gruppe kennen und vielleicht immer wieder erleben.

Die Kinder äußern sich zu folgenden Aspekten:

- Was passiert auf dem Bild?
- Wie handeln die beteiligten Menschen?
- Welche Möglichkeiten gibt es, um die Situation zu retten? Die Kinder sollen möglichst viele benennen, aber noch nicht bewerten.
- Welche Möglichkeit ist vermutlich die beste?
- Warum ist das die beste Möglichkeit?
- Warum sind die anderen Ideen nicht so gut?

## Handpuppenstreit

Alle spielen mit

Für alle Altersgruppen geeignet

Material: ein Bettlaken, das in den Türrahmen gespannt wird

Spieldauer: ca. 20–30 Minuten

Zwei Handpuppen geraten in Streit. Gretel beschimpft den Seppel nach allen Regeln der Kunst. Seppel bricht in Tränen aus und läuft weg.

Die Kinder besprechen im Stuhlkreis die Szene. Wer kennt eine solche Situation? Was fühlt der Beschimpfte?

Wie hat die andere Puppe reagiert? Wie sollte man in einer solchen Situation reagieren?
Die Kinder finden sich zu Paaren zusammen, um eine Lösung für das Problem zu entwickeln. Sie spielen die Situation im Puppenspiel nach und zeigen der Gesamtgruppe ihren Lösungsvorschlag. Gemeinsam wird dann besprochen, wie das angegriffene Kind gestärkt aus der Situation hervorgehen kann. Ziel sollte es sein, dass beide Puppen mit der angebotenen Lösung zufrieden sein können und keiner benachteiligt wird.
Wenn die Kinder mögen, können auch nach der Diskussion noch weitere Handlungsmöglichkeiten spielerisch erprobt werden. Kommt ein Vorschlag von einem der Kinder, können Sie sagen: „Das klingt vernünftig, spielst du uns das einmal vor?"

**Um an schwierigen Situationen nicht zu verzweifeln, benötigen Kinder Frustrationstoleranz. Die können sie am besten im täglichen Leben erwerben, indem man ihnen nicht jede Schwierigkeit aus dem Weg räumt. Sie können Frustrationstoleranz auch im gemeinsamen Spiel, bei dem sie auch verlieren lernen, wie z. B. bei dem Brettspiel „Malefiz", erwerben oder im Rollenspiel. Das Rollenspiel eignet sich gut, um Erfahrungen außerhalb der Realität, im geschützten Spielraum, vorwegzunehmen und so für den Alltag Verhaltensmuster und Verhaltensalternativen parat zu haben.**

## Eine peinliche Sache

Alle spielen mit
Für alle Altersgruppen geeignet
Spieldauer: ca. 20 Minuten

Sie sitzen mit den Kindern gemütlich in der Kuschelecke oder im Stuhlkreis und beginnen ein Gespräch, indem Sie beispielweise folgenden Impuls geben: „Neulich ist mir etwas ganz Unangenehmes passiert. Ich stehe mit einem vollen Einkaufswagen vor der Kasse, hinter mir eine lange Schlange ungeduldiger Menschen. Die Verkäuferin hat schon alles getippt und ich merke, dass ich meine Geldbörse vergessen habe. Was nun?"
Die Kinder bekommen Gelegenheit, eine Weile über das Problem nachzudenken und eine Lösung anzubieten. Die Lösung darf fantasievoll, originell oder ganz real sein. Sie hören sich alle Vorschläge an und beraten mit den Kindern, welche Vorschläge lustig, ungewöhnlich und gut sind. Dann dürfen die Kinder ihre „peinlichen Geschichten" erzählen. Das Vorgehen ist wieder gleich. Ein Kind erzählt eine Situation, die anderen Kinder hören zu. Alle Kinder denken eine Weile nach und präsentieren Lösungen.
Auf diesem Wege entstehen manchmal ganz ungewöhnliche, aber praktikable Lösungen. Die Kinder erfahren auch, dass alle Menschen einmal in Situationen geraten, die scheinbar nicht zu meistern sind. Das ist erstens nicht schlimm und zweitens gibt es immer auch einen Ausweg aus solchen Situationen.

## Wenn ich ein Zauberer wäre …

Alle spielen mit
Für alle Altersgruppen geeignet
Material: ein Holzstab als Zauberstab
Spieldauer: ca. 15 Minuten

Sie schwingen einen Zauberstab und rufen: „Wenn ich ein Zauberer wäre, dann würde ich euch Hokus, Pokus, Fidibus verwandeln in:

- Kinder, die fliegen können,
- Gewichtheber,
- Schlangen,
- Dinosaurier,
- Roboter,
- Riesen,
- Streithähne,
- Schmetterlinge,
- Schreihälse,
- Rennmäuse."

Die Kinder stellen die genannten Personen und Figuren dar, bis Sie einen neuen Impuls geben.

**Das spontane Schlüpfen in verschiedene Rollen trägt zur Flexibilität der Kinder bei und stärkt ihre Widerstandskraft. Sie erfahren, dass sie stark wie ein Gewichtheber und laut wie ein Schreihals, aber auch sanft wie ein Schmetterling sein können.**

## Turmbauspiel

Alle spielen mit
Für alle Altersgruppen geeignet
Material: jede Menge Bauklötze, Obst
Spieldauer: bis zu 10 Minuten pro Durchgang

Sie bringen an der Wand drei Markierungen in verschiedener Höhe an. Je zwei Kinder stellen sich vor die Markierungen und beginnen, vom Boden aus mit den Bauklötzen einen Turm zu bauen, der an eine der Markierungen heranreicht. Bei Erreichen der ersten Markierung gibt es eine Belohnung (eine Pflaume, eine Kirsche …). Verzichten die beiden Kinder auf die Belohnung und bauen bis zur zweiten Markierung weiter, bekommen sie beim Erreichen dieser Markierung die doppelte Menge Obst. Stürzt der Turm ein, gibt es nichts. So wird auch verfahren, wenn es um das Erreichen der dritten Markierung geht. Nach 10 Minuten erklingt ein Gong, dann ist das Spiel beendet. Wird die Markierung nicht erreicht, gibt es keine Belohnung.

Wo Sie die Markierungen setzen, hängt vom Alter und dem Geschick der Kinder ab. Sie können die erste in Schulterhöhe der Kinder setzen, die zweite dort, wo die Fingerspitzen der Kinder enden, wenn sie die Hände in die Luft strecken und die dritte noch einmal 30 cm höher. Dann können die Kinder nur weiterbauen, wenn sie auf einen Stuhl steigen.

**Spiele dieser Art erfordern eine gewisse Planungsfähigkeit und gegebenenfalls die Fähigkeit, verlieren zu können. Die Kinder spielen also mit einem gewissen Risiko. Dabei können sie die Erfahrung machen, dass es sich lohnen kann, ein Risiko einzugehen, oder aber, dass es nicht besonders schlimm ist, einmal nichts zu bekommen, weil etwas nicht gelungen ist.**

## Wenn etwas nicht klappt, dann ...

Alle spielen mit
Für alle Altersgruppen geeignet
Material: ein kleiner, weicher Ball
Spieldauer: ca. 15 Minuten

Alle sitzen im Kreis. Sie haben einen kleinen, weichen Ball in der Hand und schildern eine schwierige Situation.

- Anne nimmt Karla heimlich die Lieblingspuppe weg. Als Karla das entdeckt, sagt sie: ...
- Simon möchte seinem Papa beim Autowaschen helfen. Sein Papa will das nicht, er denkt, Simon mache das nicht ordentlich genug. Simon sagt zu seinem Papa: ...
- Lea baut einen Turm, der stürzt immer wieder ein. Als er zum fünften Mal einstürzt, ruft Lea: ...
- Ronja und Timm streiten um das einzige Pedalo im Kindergarten. Timm sagt: ...
- Eric will nicht mitspielen. Als die anderen Kinder ihn bedrängen, sagt er: ...
- Christian stürzt vom Fahrrad, er sagt: ...
- Maria wird von ihrer Mutter ausgeschimpft, Maria sagt: ...
- Linus hat eine kostbare Vase kaputtgemacht. Linus sagt: ...

Während Sie den letzten Satz aussprechen, werfen Sie einem Kind den Ball zu. Das Kind beendet Ihren Satz. Nach dem Spiel sollten Sie sich noch etwas Zeit nehmen, um das Gesagte zu besprechen.
Waren die Aussagen der Kinder realistisch, also auf das wirkliche Leben übertragbar? Habt ihr solche Situationen schon erlebt und wie habt ihr da reagiert? Gab es Situationen, wo die Antwort nicht die gewünschten Folgen gezeigt, sondern vielleicht zu Ärger mit anderen Menschen geführt hat? Welche Antworten wären wirklich vernünftig und warum?

# Power für den Alltag entwickeln

Stark wie ein Bär, schlau wie ein Fuchs ...

## Laub- oder Bälleschlacht

Alle spielen mit
Für alle Altersgruppen geeignet
Material: Laub oder viele Bälle
Spieldauer: ca. 10 Minuten

Zwei bis vier Kinder dürfen sich eine lustige Schlacht im Bällebad mit den kleinen Bällen liefern.
Im Herbst kehren die Kinder die Blätter zusammen, um eine Laubschlacht zu veranstalten. Anschließend wird das Laub wieder zusammengekehrt und zum Kompost gebracht.

## Stark-mach-Spots

Alle spielen mit
Für alle Altersgruppen geeignet
Material: CD-Spieler, lebhafte Musik
Spieldauer: ca. 15 Minuten

Die Kinder laufen, ihr Tempo selbst bestimmend, im Raum herum. Sie haben eine CD aufgelegt und geben nun kurze Spielanweisungen für die Kinder:

- Geht gemütlich spazieren,
- stellt euch vor, ihr habt eine besonders schwere Last auf dem Rücken zu tragen,
- jeder von euch muss ganz alleine eine schwere Kiste durch den Raum schieben,
- jetzt schiebt ihr die Kiste zu zweit, sie ist wirklich sehr schwer,
- nun werdet ihr alle zu Gewichthebern und sollt ein besonders schweres Gewicht hochstemmen,
- jetzt kämpft ihr mit einem Bären,
- versucht, eine fest sitzende Rübe aus dem Boden zu ziehen,
- unter euren Schuhen kleben schwere Gewichte,
- ihr seid mit einem Boot gekentert und kämpft jetzt mit den Wellen,
- ein starker Sturm hindert euch am Gehen.

**Auch das Spiel mit imaginären Kräften kann helfen, Stärke zu entwickeln. Die Kinder erleben, dass Anstrengung auch Freude machen kann und gehen vielleicht auf reale Situationen mutiger zu.**

## Sockendiebe

Alle spielen mit. Es werden Kleingruppen gebildet.
Für alle Altersgruppen geeignet
Material: für jede Kleingruppe eine Matte
Spieldauer: ca. 5 Minuten

Vier bis sechs Kinder sitzen ohne Schuhe auf einer Matte. Wenn Sie das Startzeichen geben, dürfen sie sich gegenseitig die Socken stehlen. Der erste Spieldurchgang ist beendet, wenn ein Kind drei Socken erwischt hat. Mehrere Spieldurchgänge sind möglich.
Manchmal bietet sich keine Gelegenheit, die Kräfte im Freien zu messen. Dann ist es ratsam, ein paar wilde Spiele für den Gruppenraum anzubieten.

## Einbrechen

Alle spielen mit
Für alle Altersgruppen geeignet
Spieldauer: ca. 15 Minuten

Alle Kinder bilden einen engen Kreis, es gibt keine Lücke. Ein Kind (oder mehrere) steht außerhalb des Kreises. Es bekommt die Aufgabe, in den Kreis einzudringen. Es muss herausfinden, wie das am besten gelingt. Das kann mit Kraft (aber ohne Gewalt, kratzen und beißen) geschehen, durch Geschicklichkeit, nette Worte oder Gesten.
Aufgabe der Kinder, die den Kreis bilden, ist es, das Einbrechen so lange wie möglich zu verhindern bzw. nur dann zuzulassen, wenn eine überzeugende Reaktion erfolgt ist. Zum Beispiel, wenn sie ganz nett gebeten oder vielleicht umarmt und gestreichelt wurden.
Die Kinder, die den Kreis bilden, können vorher auch Absprachen treffen und z. B. vereinbaren, den Kreis nur zu öffnen, wenn das eindringende Kind die Nasenspitze eines im Kreis stehenden Kindes berührt oder ein ganz bestimmtes Wort sagt.
Auch weitere Kinder können ausprobieren, wie man in den Kreis gelangen kann.

## Bola-Springen

Alle spielen mit. Es werden Paare gebildet.
Alter: ab 4 Jahre
Material: ein drei Meter langes Seil, an dessen Ende ein Reis- oder Sandsäckchen gebunden wird

Ein Kind steht in der Spielfeldmitte. Es hat das Seil in der Hand und spielt nun einen Cowboy, der das Seil (die Cowboys haben es Bola genannt) schwingt, um ein kleines Kalb einzufangen. Die Rolle des Kalbes wird von einem anderen Kind gespielt. Es versucht, über das Seil zu springen und es nicht zu berühren. Hat es das Seil berührt, gilt es als gefangen, ein anderes Kalb geht in das Spielfeld. Die Kinder können auch ausprobieren, ob sich mehrere „Kälber" gleichzeitig im Spielfeld, im „Ring", aufhalten können.

## Ich trau mich was

Alle spielen mit

Für alle Altersgruppen geeignet

Spieldauer: ca. 30 Minuten

Überlegen Sie gemeinsam mit den Kindern, welche Tätigkeiten besonderen Mut erfordern, aber die Kinder trotzdem gerne einmal ausprobieren möchten, z. B.:

- Eine Spinne vorsichtig im Raum einfangen und nach draußen tragen.
- Eine Kerze anzünden und mit nassen Fingern ausdrücken (bitte mit den Eltern besprechen).
- Ein feines, leicht zerbrechliches Glas abwaschen und abtrocknen.
- Sich alleine vor die Gruppe stellen und ein Lied singen oder ein Gedicht aufsagen.
- Alleine zum Kindergarten gehen (in Absprache mit den Eltern).
- Auf einen Baum klettern ...

Jedes Kind kann sein eigenes Mut-Tagebuch anfertigen und darin zeichnerisch festhalten, was es gerne einmal machen möchte. Hat es seine Wünsche umgesetzt, werden ein paar goldene Sterne in das Mut-Tagebuch geklebt.

## Barfuß-Parcours

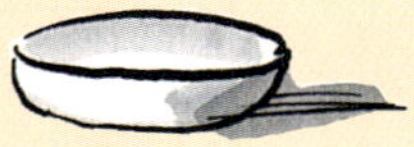

Alle spielen mit

Für alle Altersgruppen geeignet

Material: große Schüsseln mit warmem Wasser, Handtücher, Creme

Spieldauer: ca. 15–20 Minuten

Sie können innerhalb Ihres Kita-Geländes einen Parcours aufbauen, der möglichst viele unterschiedliche Bodenarten bietet: Gras, kleine Steine, Rindenmulch, Kies, feiner Sand, Matsch ... Zusätzlich können Sie auch Schüsseln aufstellen, in denen warmes und kaltes Wasser ist oder z. B. Eiswürfel sind.

Die Kinder ziehen Schuhe und Strümpfe aus und probieren, wie es sich anfühlt, wenn die nackten Füße über kleine Steine oder feinen Sand laufen. Etwas Mut wird es auch kosten, die Füße in die Eiswasserschüssel zu stecken. Nach der Aktion, bei der die Kinder natürlich freiwillig teilnehmen, werden die Füße gewaschen und eingecremt. Dabei sollten sich die Kinder gegenseitig helfen und abwechselnd die Füße verwöhnen.

**Kinder laufen heute kaum noch barfuß. Deswegen gehört schon ein bisschen Mut dazu, die Füße auf unterschiedliche und ungewohnte Materialien zu setzen. Aber wer sich überwindet, wird die Erfahrung machen, dass es sich lohnt. Die Füße werden ganz schnell warm und kribbeln angenehm.**

## Vertrauensfall

Anzahl der Kinder: 1
Für alle Altersgruppen geeignet
Spieldauer: wenige Minuten

Für Kinder, die über eine stabile Integration der Sinne verfügen, d. h. keine Störungen des Gleichgewichts oder anderer Sinne haben, und ihren Körper beherrschen.
Sie stehen hinter einem einzelnen Kind. Das Kind hält die Augen geschlossen, macht sich steif und streckt die Arme zur Seite. Dann lässt es sich nach hinten fallen. Sie fangen das Kind frühzeitig und sanft auf.
Auch diese Mutprobe kann nur auf freiwilliger Basis funktionieren. Kein Kind sollte dazu überredet werden.

## Führen und geführt werden

Alle spielen mit. Es werden Paare gebildet.
Für alle Altersgruppen geeignet
Spieldauer: ca. 5–10 Minuten pro Kind

Die Kinder bilden Paare. Ein Kind schließt die Augen und lässt sich von dem anderen, das direkt hinter ihm steht, mit sanftem Druck auf die Schultern führen. Dabei dürfen auch kleine Hindernisse überwunden werden. Je nach Fähigkeit, Mut und Bedürfnis der Kinder kann das Führen stumm oder mittels Anweisungen geschehen. Nach einigen Minuten werden die Rollen getauscht. Im Anschluss wird über das Spiel gesprochen.
Es gehört eine gehörige Portion Mut dazu, sich von einem anderen Menschen blind führen zu lassen. Die Kinder machen die Erfahrung, dass sie sich ganz und gar auf einen ihnen vertrauten Menschen verlassen können und vor Gefahren geschützt werden. In einem anschließenden Gespräch sagt jedes Kind, was ihm an der „Führung" gut und was nicht gefallen hat.

## Blindlauf

Alle spielen mit
Für alle Altersgruppen geeignet, sofern die Grobmotorik beherrscht wird
Spieldauer: ca. 10 Minuten

Die Kinder bilden einen Kreis. Ein mutiges Kind steht mit geschlossenen Augen irgendwo am Rand des Kreises. Es soll nun, so oft es mag, den Kreis durchqueren. Die anderen Kinder achten darauf, dass das Kind mit den geschlossenen Augen gegen kein anderes Kind stößt, indem sie laut stopp rufen. Das ist das Zeichen, kehrtzumachen und eine andere Richtung einzuschlagen. Es können auch drei (größere) Kinder zur gleichen Zeit blind durch den Kreis laufen. Das erhöht den Schwierigkeitsgrad für alle Beteiligten.

## Starke Tiere

Alle spielen mit
Für alle Altersgruppen geeignet
Spieldauer: ca. 15–20 Minuten

Alle Kinder sitzen im Kreis. Jedes Kind denkt sich ein starkes Tier aus, das es nachahmen wird. Nacheinander geht jedes Kind in die Kreismitte und führt sein starkes Tier vor. Hans ist stark wie ein Bär, Lena ist stark wie ein Adler und Ina hat die Kraft eines Löwen.
Im Rollenspiel führen die Kinder ihre Stärke vor.

## Vom Stuhl springen

Anzahl der Kinder: 1, eine erwachsene Person steht daneben und leistet Hilfestellung
Für alle Altersgruppen geeignet
Material: Stuhl, Fernglas, Matte
Spieldauer: wenige Minuten

Für Kinder, die keine körperlichen Beeinträchtigungen haben.
Ein Kind stellt sich auf einen Stuhl. Vor dem Stuhl liegt eine weiche Matte. Das Kind nimmt ein Fernglas in die Hand, dreht es um und schaut hindurch. Es sieht alles nicht vergrößert, sondern stark verkleinert. Der Abstand zwischen Stuhl und Boden erscheint unwirklich groß. Die Kinder stehen vor der schweren Entscheidung zu springen, weil sie wissen, der Abstand ist gering und leicht zu bewältigen, oder es bleiben zu lassen, weil der Schein trügt und verunsichert.

**Die hier geschilderten Spiele sind nicht gefährlich, erfordern aber trotzdem von den Kindern ein gehöriges Maß an Mut. Kinder spielen sie gerne, denn das Bestehen solcher Mutproben stärkt sie und das reale Leben bietet heute wenig Möglichkeiten dazu. Kinder erfahren so: Ich habe einen mutigen Schritt gemacht und die Herausforderung bewältigt. Jetzt kann ich mich auch an andere Dinge wagen.**

## Luftballontransport

Alle spielen mit. Es werden Paare gebildet.
Alter: ab 3 Jahre
Material: für jedes Paar ein Luftballon
Spieldauer: ca. 5 Minuten pro Durchgang

Zwei Kinder stehen sich gegenüber und halten sich an den Händen. Zwischen ihre Köpfe klemmen sie einen aufgeblasenen und zugeknoteten Luftballon. Der soll nun von einer Seite des Spielfeldes auf die andere transportiert werden. Dabei soll er natürlich nicht runterfallen. Das kann ganz lustig werden, weil der Luftballon gerne verrutscht und von der Stirn durchs ganze Gesicht wandert. Wer den Luftballon fallen lässt, muss wieder zurück zur Ziellinie.
Zwei Kinder bilden ein Team und bewältigen gemeinsam eine Aufgabe. Sie müssen das mit Rücksicht aufeinander tun und vielleicht auch Absprachen treffen. Für das Ergebnis sind beide verantwortlich.

## Mattenschubsen

Alle spielen mit. Es werden Paare oder kleine Gruppen gebildet.
Alter: ab 5 Jahren
Material: für jedes Paar eine Matte
Spieldauer: pro Durchgang ca. 5 Minuten

Zwei Kinder oder eine kleine Gruppe von Kindern sitzen auf einer Matte. Ihre Aufgabe ist es, die Matte für sich allein zu erobern. Damit das Spiel unter Kontrolle bleibt, werden die Hände auf dem Rücken verschränkt und vorher Spielregeln vereinbart (Kneifen und Kratzen ist verboten!). Sobald ein Kind den Boden außerhalb der Matte berührt hat, muss es die Matte verlassen, das Spiel ist nun beendet. Das Spiel kann in einer neuen Zusammensetzung wiederholt werden.

## :issen dreschen

le spielen mit. Es
erden Paare gebildet.
ter: ab 6 Jahre
aterial: pro Kind ein
eiches Kissen, eine Bank
ıf weichem Untergrund
ler ein Baumstamm im
eien
ɔieldauer: ca. 5 Minuten

vei Kinder sitzen sich auf einer umgedrehten Bank ler auf einem Baumstamm gegenüber. Der Boden un- r der Sitzgelegenheit muss gut gepolstert sein. Mit :m Kissen in der Hand versuchen die Kinder nun, die ıderen Kinder von ihrem Sitzplatz zu schlagen. Kinder, :nen das Spiel zu rau wird, können den Baumstamm ler die Bank schnell verlassen. Der Schwierigkeitsgrad :s Spieles wird erhöht, wenn die Kinder mit den Füßen cht den Boden berühren können. Diese Spielvariation fordert mehr Geschick und weniger Kraft, weil ein :hlag mit dem Kissen das Gleichgewicht beeinträch- ɟt. Bei dem Kind, das schlägt, ebenso wie bei dem, das :schlagen wird.

**Bei Partnerspielen erleben sich die Kinder in Beziehung zu den anderen. Sie ent- vickeln Kraft und Energie und leben Aggres- ;ionen aus. Gleichzeitig erfahren sie, dass 3ewegung Freude macht, Verteidigung eine Herausforderung sein und neue Kräfte mobi- isieren kann. Aufgabe der Pädagogin ist es, mmer wieder für den fairen Wettkampf zu werben und über im Wettkampf erlebte Ge- ühle zu sprechen.**

## Modernes Kegeln

Alle spielen mit
Alter: ab 5 Jahre
Material: 3–5 Kegel
Spieldauer: ca. 5 Minuten

Die Kinder bilden einen Kreis und fassen sich an. In der Mitte des Kreises stehen ein paar Kegel. Indem die Kinder sich an den Händen ziehen, bringen sie einzelne Kinder in die Nähe der Kegel, die dann umgestoßen werden. Das allerdings sollten die Kinder möglichst vermeiden, denn wer einen Kegel berührt, muss den Kreis verlassen. Die Kegel werden wieder aufgestellt und das Spiel geht weiter.
Bei diesem Spiel können alle Kinder gegeneinander spielen, es erweist sich im Anfang aber auch als sinnvoll, zu kooperieren und taktische Maßnahmen zu ergreifen.

## Kampf der Krabben

Alle spielen mit. Es werden Paare gebildet.
Alter: ab 4 Jahre
Material: für zwei Kinder je ein Seiden- oder Taschentuch
Spieldauer: ca. 5 Minuten

Zwei Kinder sitzen sich mit nackten Füßen gegenüber. Die Hände sind hinter dem Rücken aufgestützt. Zwischen den beiden Krabben liegt ein Tuch. Um das Tuch werden sie jetzt kämpfen. Es wird mit den nackten Zehen gegriffen und verteidigt. Welche Krabbe zieht das Tuch auf die eigene Seite?

## Hyazinthenhütchenspiel

Anzahl der Kinder: 4
Für alle Altersgruppen geeignet
Material: mindestens 20 Hyazinthenhüte (oder leere ausgewaschene Jogurtbecher, die sehen aber nicht so schön aus), diverse Gegenstände, die unter die Hütchen passen, immer zwei der gleichen Art
Spieldauer: ca. 20 Minuten

Die Gegenstände werden unter die Hütchen gelegt. Während ein Kind die Hütchen mischt, halten die anderen Kinder die Augen geschlossen. Nun darf reihum jedes Kind zwei Hütchen anheben und nachschauen, was sich darunter verbirgt. Hat es ein zusammengehörendes Paar gefunden, darf es weitere Hütchen anheben, und wenn es die Gegenstände benennen kann, darf es sie auf seinen Platz legen. Gelingt das nicht, macht das nächste Kind weiter. Sind alle Hütchen aufgedeckt, werden die Gegenstände gezählt.

Die Kinder müssen sich bei diesem Spiel stark konzentrieren. Nur wer gut aufpasst, kann viele Gegenstände einsammeln. Außerdem lernen sie, Gegenstände richtig zu benennen.

## Steine raten

Alle spielen mit. Es werden Paare gebildet.
Für alle Altersgruppen geeignet
Material: viele kleine Steine oder ein anderes Material, das man gut in der Hand halten kann
Spieldauer: ca. 10 Minuten

Jedes Kind erhält zehn Steine. Beide Kinder nehmen ein paar Steine in die Faust, die anderen Steine werden beiseite gelegt. Die beiden Kinder strecken nun jeweils ihre Faust vor – ohne Stein, mit einem oder mehreren Steinen. Dann raten beide, wie viele Steine das andere Kind in der Faust versteckt hält. Wer richtig geraten hat, bekommt die Steine des anderen (die in der Hand waren). Wer falsch liegt, muss die Steine in seiner Faust abgeben.
Das Spiel ist nach zehn Minuten beendet oder wenn ein Kind keine Steine mehr hat.

## Wiegen und messen – Pfannkuchen backen

Alle spielen mit. Es wird in kleinen Gruppen gearbeitet.
Für alle Altersgruppen geeignet
Material: 2 Eier, 150 g Mehl, 200 ml Milch, eine Prise Salz, Fett (Menge für 4 Pfannkuchen), Messbecher, Küchenwaage, Quirl, Pfanne, Pfannenwender, ein von Ihnen erstelltes Plakat, auf dem Messbecher und Waage dargestellt und die Maße markiert sind

Die Kinder messen und wiegen die Zutaten ab. Sie verquirlen die Zutaten miteinander, lassen den Teig eine Weile stehen und backen die Pfannkuchen dann aus.
Das Messen und Wiegen muss aber nicht unbedingt anhand eines Backvorgangs geübt werden. Stellen Sie den Kindern Materialien zur Verfügung,

die sie messen und wiegen können. Zuerst können sie raten. Was ist schwerer, der Stein oder der Apfel, die Feder oder das Blatt Papier? Dann wird gewogen und kontrolliert. Später kann auch von leicht zu schwer sortiert werden. Ebenso kann beim Messen experimentiert werden.

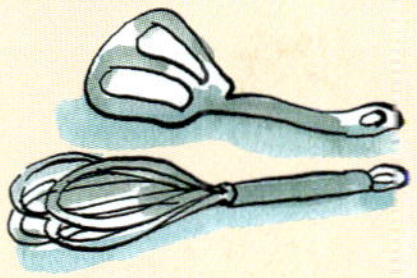

## Besuch im Zahlenland

Alle spielen mit
Für alle Altersgruppen geeignet
Material: 6 Reifen (oder Seile, die zum Kreis gelegt werden), Zahlen aus Pappe (oder viele Bauklötze), CD-Spieler, lebhafte Musik
Spieldauer: ca. 15–20 Minuten

Im Spielfeld liegen mehrere Reifen. In jedem Reifen liegt eine Zahl aus Pappe oder die entsprechende Anzahl an Bauklötzen. Sie legen eine CD ein, nach der sich die Kinder im Raum bewegen. Setzt die Musik aus, muss jedes Kind ein Zahlenhaus besetzen. Es dürfen aber nur so viele Kinder im Haus sein, wie es die Zahl vorgibt. Kinder, die die Zahlen noch nicht so gut kennen oder nicht schnell genug reagieren, erhalten Hilfe von den anderen Kindern. Das geschieht in der Regel automatisch, weil alle ein Interesse daran haben, dass die Zahlenfelder richtig besetzt werden.

Variante: Jedes Kind besitzt ein eigenes Zahlenhaus. Wenn Sie die Musik unterbrechen, rufen Sie eine Zahl. Dann laufen die Kinder los, um ihr Haus mit der entsprechenden Anzahl von Gegenständen auszustatten.

## Zuordnen

Alle machen mit. Es werden Gruppen gebildet.
Alter: ab 2 Jahre
Material: verschiedene Früchte, für jede Fruchtart ein Teller
Spieldauer: ca. 10 Minuten

Jede Gruppe bekommt einen Korb mit unterschiedlichen Früchten. Sie erzählen den Kindern, dass die Früchte leider alle durcheinander geraten sind und nun neu sortiert werden müssen. Deswegen stehen die Teller auf dem Tisch. Ob die Kinder das wohl hinkriegen und die Fruchtgattungen sogar benennen können?
Wählen sie z. B.:

- Äpfel, Birnen, Pflaumen.
- Zitronen, Apfelsinen, Pampelmusen.
- Haselnüsse, Walnüsse, Erdnüsse.
- Erbsen, Bohnen, Linsen.

# Teamfähigkeit fördern

## Gemeinsam Aufgaben bewältigen

### Keiner kommt durch

Alle spielen mit. Es werden zwei Gruppen gebildet.
Alter: ab 5 Jahre, die Kinder sollten robust sein
Spieldauer: 5 Minuten

Zwei Kindergruppen stehen sich in einem Spielfeld, das nicht größer als der Bewegungsraum der Kita sein sollte, gegenüber. Eine Gruppe steht am rechten, die andere am linken Spielfeldrand, mit dem Rücken zur anderen Gruppe gewandt. Auf Ihr Zeichen hin drehen sich die Kinder um und rennen über das Spielfeld, um die andere Seite zu erreichen. Gleichzeitig sollen sie aber auch verhindern, dass die Kinder der anderen Seite ihr Spielfeld erreichen. Vor dem Spiel werden Regeln abgesprochen, die allzu wildes Vorgehen verhindern.

**Durch das Toben und Raufen lernen die Kinder ihre Kräfte kennen. Das kann manchmal allerdings auch schmerzlich sein. Deswegen ist es wichtig, immer wieder über Regeln zu sprechen und auf deren Einhaltung zu achten. Wer absichtlich kratzt oder beißt, muss das Spielfeld für eine Weile verlassen. Es ist allerdings keine Katastrophe, wenn es einmal etwas rauer zugeht. So lernen Kinder die Gefühle anderer Kinder kennen, lernen zu trösten und erfahren auch schon mal, dass man Rücksicht nehmen muss.**

## Verfolgungsschrei

Alle spielen mit
Alter: ab 5 Jahre
Spieldauer: 10 Minuten

Alle Kinder laufen durch das abgegrenzte Spielgelände. Ein Kind verfolgt alle anderen und will sie fangen. Die Kinder können sich allerdings schützen, indem sie laut schreien, sobald der Fänger sie berühren will. Sobald ein Schrei ertönt, bleiben alle Kinder stehen. Dabei müssen sie vollkommen starr in der Bewegung verharren. Bewegt sich doch ein Kind und der Verfolger entdeckt es, muss das Kind dem Verfolger beim Fangen helfen. Schon bald wird es ein lautes und lustiges Durcheinander und Geschrei geben.

## Sandsäckchenspiel

Alle spielen mit
Alter: ab 6 Jahre
Material: mit Sand oder Reis gefüllte Stoffsäckchen
Spieldauer: ca. 15 Minuten

Alle Kinder laufen mit dem Sandsäckchen auf der Schulter durch das Spielfeld. Dabei ist es erlaubt, einem anderen Kind das Sandsäckchen von der Schulter zu stoßen. Man darf sein Sandsäckchen allerdings nicht festhalten und wenn es auf dem Boden liegt, darf man es selber nicht aufheben. Aber man darf seinen Ärger laut herausbrüllen, laut schimpfen und schauen, ob irgendwo ein anderes Sandsäckchen auf dem Boden liegt, mit dem man weiterspielen kann.

**Schreispiele sind bei Kindern sehr beliebt. Sie haben entlastende Funktion und tragen wesentlich dazu bei, dass das Spiel für alle sehr lustig wird. Tickerspiele dieser Art haben zwar Wettkampfcharakter, sind aber auch auf Kooperation angelegt. Sie machen dann am meisten Spaß, wenn die Kinder aufeinander Rücksicht nehmen und sich gegenseitig unterstützen.**

## Alle in einen Reifen

Anzahl der Kinder: 10–16

Alter: ab 6 Jahren

Material: zwei Gymnastikreifen

Spieldauer: ca. 15 Minuten

Die mitspielenden Kinder stellen sich in einen der beiden Reifen. Sie müssen sich dabei den Platz so einteilen, dass alle Kinder den Reifen betreten können. Ist das geschehen, verlassen die Kinder die beiden Reifen wieder und Sie entfernen nun einen Reifen. Die Kinder überlegen jetzt, wie die gleiche Anzahl der Kinder in einem einzigen Reifen Platz finden kann. Fragen Sie die Kinder vorher, ob das überhaupt möglich ist.

Das Spiel erfordert ein hohes Maß an gegenseitiger Rücksichtnahme. Es geht nicht darum, jemanden auszugrenzen, sondern alle zu integrieren. Das kann durch Überlegung und Planung geschehen, oder aber auch indem die Kinder ausprobieren, wie die Aufgabe zu bewältigen ist. Im Anschluss an das Spiel sollten Sie mit den Kindern reden:

- Warum hat das Spiel gut oder nicht geklappt?
- Konnten sich alle an der Lösung des Problems beteiligen?
- Wer konnte welche Hilfen anbieten?

## Bälle im Regenschirm

Alle spielen mit. Es werden Kleingruppen gebildet.

Für alle Altersgruppen geeignet

Material: sehr viele kleine Bälle, für jede Gruppe ein großer Regenschirm

Spieldauer: ca. 10 Minuten für mehrere Spieldurchgänge

Für dieses Spiel benötigen Sie einen Spielort mit einem großen Baum, in den Sie für jede Spielgruppe (4–6 Kinder) einen geöffneten Regenschirm hängen können. Der Abstand zum Boden sollte etwa 3–4 Meter betragen. Das sollten Sie aber von der Wurfkunst der Kinder abhängig machen. Die Kinder haben die Aufgabe, in einer von Ihnen vorgegebenen und gestoppten Zeit (etwa 3–5 Minuten) möglichst viele Bälle in den Regenschirm zu befördern. Um die Aufgabe zu bewältigen, müssen die Kinder beraten, mit welcher Technik sie am besten zum Ziel kommen.

## Schoßsitzen

Alle spielen mit

Alter: ab 5 Jahre

Spieldauer: ca. 5 Minuten

Alle Kinder stehen eng beieinander, Bauch an Po. Die Hände liegen auf den Hüften des vor ihnen stehenden Kindes. Nun müssen sich alle zur gleichen Zeit auf den Schoß des hinter ihnen stehenden Kindes setzen, was eine gute Koordination erfordert. Befinden sich alle in Sitzposition, kann die Gruppe versuchen, sich ein paar Schritte vorwärts zu bewegen. Dann wird gemeinsam wieder aufgestanden. Ein weicher Untergrund ist bei diesem Spiel von Vorteil, weil es beim ersten Versuch passieren kann, dass alle Kinder durcheinander purzeln.

## Das „Blindenspiel“ mit Seil

Anzahl der Kinder: ca. 10–16
Alter: ab 6 Jahre
Material: ein 20 Meter langes Seil
Spieldauer: ca. 10 Minuten

Das Seil wird an den Enden zusammengebunden. Die Kinder nehmen das Seil, fassen es an, halten es vor den Bauch. Sie sagen den Kindern, welche Form (Viereck, Kreis, Dreieck) sie nun mit dem Seil bilden sollen. Das setzt natürlich voraus, dass die Kinder die Formen bereits kennen. Wenn die Kinder ein Gefühl für die zu bewältigende Aufgabe bekommen haben, bilden sie die Formen mit geschlossenen Augen. Erst wenn die Gruppe glaubt, die richtige Form gefunden zu haben, werden die Augen geöffnet und das Ergebnis kontrolliert.
Das Spiel erfordert eine gute Zusammenarbeit, viel Vertrauen zueinander und sehr große Konzentration. Das Selbstbewusstsein der Kinder wird durch die Bewältigung der schweren Aufgabe gestärkt.

## Gruppen bilden

Alle spielen mit
Material: Kassettenrecorder, lebhafte Musik
Spieldauer: ca. 10 Minuten

Die Kinder laufen nach Musik frei im Raum herum. Ab und zu stoppen Sie die Musik und rufen eine Zahl von eins bis sechs in den Raum und verbinden diese Zahl mit einer kleinen Aufgabe, zum Beispiel:

- einen Kreis bilden, die Hände auf die Schultern der Nachbarn legen und sich so durch den Raum bewegen,
- hintereinander aufstellen, die linke Hand durch die Beine stecken, das vor dir stehende Kind mit der rechten Hand fassen und sich vorwärts bewegen,
- Paare bilden und Po an Po bis zum nächsten Musikstopp tanzen,
- Paare bilden und die Nasen aneinander reiben,
- Paare bilden, sich gegenüber auf den Rücken legen, die Beine in die Luft strecken und die Füße aneinander legen.

## Drachenschwanzklau

Alle spielen mit
Alter: ab 5 Jahre
Material: ein Drachenschwanz, bestehend aus einer 20 cm langen Stoffbahn
Spieldauer: ca. 10 Minuten

Die Kinder stehen in einer Schlange hintereinander. Sie legen die Hände auf die Hüften des vor ihnen stehenden Kindes. Das erste Kind ist der Drachenkopf, das letzte der Drachenschwanz. Der Drachenschwanz hat die Stoffbahn im Gürtel stecken. Der Kopf soll nun versuchen, dem Schwanz das Stoffstück abzunehmen. Ist das gelungen, geht das Kind an das Schwanzende, steckt sich das Stoffstück in den Gürtel und ein neues Spiel beginnt.
Die Kinder in der Mitte des Drachens müssen sich immer wieder entscheiden, ob sie mit dem Kopf oder dem Schwanz des Drachen kooperieren wollen.
Variation: Es spielen mehrere kleine Drachen gleichzeitig. Sie können sich dabei auch gegenseitig die Schwänze abreißen. In einem solchen Fall wechselt der Drachenkopf nicht nur die Position, sondern auch den Drachen.

**Die Fähigkeit zur Kooperation gehört heute zu den „Basic five", den fünf Grundkompetenzen (neben Kommunikationsfähigkeit, sozialer Kompetenz, Selbstbewusstsein und Verantwortungsbewusstsein) für ein erfolgreiches Leben. Spiele, die Kooperation erforderlich machen, bereiten Kinder gut auf die Anforderungen des Erwachsenenlebens vor. Sie erfahren, dass Kooperation nicht nur Spaß macht, sondern häufig auch schnell und erfolgreich zum Ziel führt.**

## Aufgabenpantomime

Alle spielen mit. Es werden Paare gebildet.
Für alle Altersgruppen geeignet
Spieldauer: ca. 10 Minuten

Die Kinder bekommen die Aufgabe, zu zweit verschiedene Dinge pantomimisch durch den Raum zu transportieren oder in Bewegung zu setzen:
- eine zerbrechliche Schaufensterscheibe über die Straße zu tragen,
- ein Schwein aus dem Stall zu schieben,
- einen großen, schweren Eimer Wasser zu tragen,
- eine ganz lange Leiter zu transportieren,
- einen großen Kürbis aus dem Garten zu rollen,
- eine bleischwere Waschmaschine in den Kofferraum des Autos zu packen.

**Bei Spielen, die im Team gespielt werden, machen Kinder interessante Erfahrungen. Sie erleben, dass das Spiel nur dann klappt, wenn alle Kinder ein gemeinsames Ziel verfolgen und sich gegenseitig unterstützen. So erlernen sie Techniken solidarischen Verhaltens.**

## Luftballonspiele

Alle spielen mit
Für alle Altersgruppen geeignet
Material: für jedes Kind mindestens ein Luftballon
Spieldauer: ca. 15–20 Minuten

Jedes Kind erhält einen Luftballon, bläst ihn auf und verknotet ihn. Zunächst erhalten die Kinder Gelegenheit, sich alleine mit dem Luftballon 5 bis 10 Minuten zu beschäftigen und zu experimentieren. Danach geben Sie Impulse:

- Haltet den Luftballon durch das Antippen mit einem Finger möglichst lange in der Luft.
- Bewegt euch, den Luftballon in die Luft stupsend, durch den Raum. Achtet dabei darauf, dass der eigene Luftballon nicht auf den Boden fällt.
- Bleibt jetzt stehen und schickt euren Luftballon mit Kraft in den Raum. Alle Kinder helfen nun, dafür zu sorgen, dass kein Luftballon auf dem Boden landet. Jetzt geht es nicht mehr nur um den eigenen Ballon.
- Befördert den Luftballon mit dem Fuß, dem Kopf oder dem Po in die Luft. Spielt ihn auf diese Weise einem anderen Kind zu, das ihn in gleicher Weise zurückbefördert.
- Stellt euch zu zweit gegenüber und spielt euch erst einen, später zwei Luftballons zu.
- Holt euch ein Schwungtuch und legt alle Luftballons in das Schwungtuch. Bewegt das Schwungtuch jetzt so, als würde ein starker Orkan ausbrechen. Achtet darauf, dass trotzdem kein Ballon vom Schwungtuch fällt.
- Denkt euch in kleinen Gruppen (drei bis vier Kinder) eigene Luftballonspiele aus.

## Atomspiel

Alle spielen mit
Für alle Altersgruppen geeignet
Spieldauer: ca. 15 Minuten

Die Kinder bewegen sich zur Musik frei im Raum. Sie legen nach kurzer Zeit einen Musikstopp ein und rufen laut eine Zahl, z. B. „3“. Nun finden sich lauter Dreiergruppen zusammen, die in enger Umarmung beieinander stehen müssen. Sie sollten nur Zahlen nehmen, die die Kinder kennen. Wählen Sie die Zahlen außerdem so aus, dass keine Kinder übrig bleiben.
Die Kinder müssen für dieses Spiel nicht unbedingt alle zählen können. Die „Zähler“ unter den Kindern sorgen schon dafür, dass es mit den Atomen stimmt. So kann das Zählen sogar spielerisch gelernt werden.

**Kinder brauchen keine Wettbewerbsspiele. Sie genießen das Spiel und freuen sich, wenn sie in gemeinsamer Anstrengung eine Leistung vollbringen und dabei auch noch Nähe entsteht.**

## Zaubernuss

Alle spielen mit
Für alle Altersgruppen geeignet
Material: Nuss
Spieldauer: ca. 10 Minuten

Die Kinder stehen im Kreis. Eine Nuss geht unauffällig von Hand zu Hand. Wenn Sie „stopp“ rufen oder die Musik angehalten wird, wandert auch die Nuss nicht weiter. Das Kind, das die Nuss in der Hand hält, darf jetzt irgendeinen Wunsch äußern, der sich sofort verwirklichen lässt, z. B.:

- Alle hüpfen einmal wie die Frösche durch den Raum.
- Ich möchte mich in einer Decke von euch schaukeln lassen.
- Singt mir ein Lied vor.
- Cremt mir mein Gesicht ein.
- Sagt mir alle etwas Nettes.

**Kinder, die noch nicht zur Schule gehen, kennen in der Regel noch keinen Konkurrenzkampf. Sie spielen, weil es Freude macht, weil sie sich gerne bewegen, weil sie dabei ihre Fähigkeiten entdecken und weil sie, wie bei dem Spiel „Zaubernuss“ sogar noch einem anderen Kind eine Freude machen können. Einen besonderen Reiz erhalten Spiele, die mal die Reaktion eines einzelnen Kindes und mal die Zusammenarbeit der ganzen Gruppe erfordern. Dem einzelnen Kind darf gerne geholfen werden.**

## Menschentransport einmal anders

Alle spielen mit. Es werden kleine, gleich starke Gruppen gebildet.
Für alle Altersgruppen geeignet
Material: für jede Gruppe eine Decke, ein kleines Schwungtuch oder eine Stoffbahn in Sackgröße
Spieldauer: ca. 5–10 Minuten

Jede Gruppe, bestehend aus mindestens acht Kindern, bekommt die Aufgabe, so viele Kinder wie möglich auf der Stoffbahn auf die andere Seite des Raumes zu transportieren, ohne dass diese dabei vom Tuch fallen oder den Boden berühren.
Bei diesem Spiel ist strategisches Planen angesagt. In den Gruppen muss überlegt werden:

- Wie viele Kinder passen auf das Tuch?
- Kann ein Kind allein das Tuch ziehen oder müssen das mehrere Kinder tun?
- Wer ist von Größe und Statur her für welche Rolle geeignet?

## Zeitungsverkleidungsspiel

Alle spielen mit. Es werden Kleingruppen gebildet.
Alter: ab 5 Jahre
Material: ganz viele alte Zeitungen, Tacker, Klebeband, evt. eine Schere
Spieldauer: ca. 30 Minuten

Die Kinder bilden kleine Gruppen von ungefähr 4 bis 6 Kindern. Jede Gruppe erhält die gleiche Menge Zeitungspapier und die entsprechenden Utensilien, um die Zeitungen zu verarbeiten. Ein Kind der Gruppe wird als Model ausgewählt und von den anderen Kindern mit dem Zeitungspapier verkleidet. Das Kleidungsstück soll

- fantasievoll gestaltet werden,
- möglichst alle Körperteile bedecken (Gesicht natürlich ausgeschlossen),
- so haltbar sein, dass das Model damit über einen Laufsteg gehen kann.

Die Kinder sollten für ihre Arbeit etwa 20 Minuten Zeit bekommen. Dann wird ihr Model über einen Laufsteg geschickt und von einer Jury bewertet.
Wenn die Kinder bei der Gestaltung einen Tacker verwenden, sollte eine erwachsene Person der Gruppe zur Seite stehen. Der Modenschau sollten Sie einen würdigen Rahmen verschaffen. Vielleicht kommentiert jede Gruppe den Lauf ihres Modells und Sie reichen Orangensaft und Gebäck und spielen Musik zur Schau.

## Alle auf einen Stuhl

Alle spielen mit. Es werden Gruppen von bis zu acht Kindern gebildet.
Alter: ab 6 Jahre
Material: pro Gruppe ein Stuhl
Spieldauer: ca. 5 Minuten

Jede Gruppe kann für sich selbst ausprobieren, wie viele Kinder auf einen Stuhl passen. Nach etwa fünf Minuten des Übens führen die Kinder sich gegenseitig vor, wie sie das Problem bewältigt haben.

Auch hier ist strategisches Denken wichtig. Kinder, die weder schnell noch stark sind, haben Gelegenheit, ihre Fähigkeiten unter Beweis zu stellen.

## Balancieren

Alle spielen mit. Es werden zwei Gruppen gebildet.
Alter: ab 5 Jahre
Material: eine Bank auf weichem Untergrund
Spieldauer: ca. 5 Minuten

Sie drehen eine Bank um und bitten jeweils jede Gruppe, sich an ein Ende der Bank zu stellen. Dort stehen die Kinder hintereinander. Je zwei Kinder, eins aus jeder Gruppe, gehen auf der umgedrehten Bank aufeinander zu. In der Mitte werden sie sich treffen und nach einer Lösung suchen, so aneinander vorbeizukommen, dass kein Kind von der Bank fällt. Haben die beiden Kinder das geschafft, setzen sich die nächsten beiden Kinder in Bewegung.

Varianten:

- Die beiden Gruppen gehen gleichzeitig auf die Bank.
- Die Kinder transportieren einen Gegenstand in der Hand.
- Es gibt eine zeitliche Vorgabe oder die Zeit wird gemessen und verglichen.

**Bei dieser Art von Spielen geht es nicht um Kraft, sondern um Geschicklichkeit. Hier bekommen auch kreative und pfiffige Kinder ihre Chance, sich hervorzutun. Im Vordergrund steht auch hier das gemeinsame Tun und der Erfolg der Gruppe, zu dem jedes einzelne Kind beitragen kann.**

## Partnerrollmops

Alle spielen mit. Es werden Paare gebildet.
Für alle Altersgruppen geeignet
Spieldauer: ca. 5 Minuten

Zwei Kinder liegen auf dem Boden. Ihre nackten Fußsohlen berühren sich. Wenn die Kinder die Zehen ineinander verkrallen, können sie wie ein Rollmops gemeinsam über eine Matte rollen. Nach dem ersten Durchgang wird die Richtung gewechselt. Wer schafft beide Durchgänge, ohne die Berührung der Füße zu lösen?

## Ein Riesendenkmal für den Kindergarten

Alle spielen mit
Für alle Altersgruppen geeignet
Spieldauer: ca. 10 Minuten

Ein Kind wird „Denkmalbauer" und beginnt damit, ein Denkmal zu bauen. Es wählt ein Kind aus und stellt es in Pose. Dann holt es das nächste Kind hinzu und „baut" mit ihm weiter. Das Spiel geht weiter, bis alle Kinder zusammen ein Denkmal bilden. Die Modelle dürfen dem „Denkmalbauer" auch Ratschläge geben und Bauvorschläge machen. Der „Denkmalbauer" oder die „Denkmalbauerin" entscheidet aber selbst, ob sie die Vorschläge annimmt.

## Gemeinschaftsbild

Alle spielen mit
Für alle Altersgruppen geeignet
Material: ein sehr großes Blatt Papier, für jedes Kind ein Stift

Die Kinder sitzen alle, möglichst auf dem Boden, um das Blatt Papier herum. Jedes Kind beginnt für sich zu malen. Es werden keine Vorgaben gemacht. Nach etwa 3 Minuten bitten Sie die Kinder, im Uhrzeigersinn den Platz zu wechseln, um an einem anderen Ort weiterzumalen. Das wird so oft gemacht, solange noch Platz auf dem Blatt ist. Anschließend wird das Erlebnis des gemeinsamen Malens besprochen.

Dieses Malspiel ist ein kooperatives und die Kreativität der Kinder ansprechendes Spiel. Es erfordert Einfühlsamkeit und Rücksichtnahme. Das Auswertungsgespräch macht deutlich, wo es mit der Zusammenarbeit noch nicht so gut geklappt hat und noch geübt werden sollte.

## Roboterspiel

Alle spielen mit. Es werden erst Paare und später Vierergruppen gebildet.
Für alle Altersgruppen geeignet
Spieldauer: ca. 10 Minuten

Alle Kinder stellen Roboter dar. Sie bewegen sich wie Roboter durch den ganzen Raum. Nach einer Weile finden sie sich zu Paaren zusammen. Nun bilden zwei Kinder einen Roboter und müssen sich dabei darauf einigen, welche Bewegungen sie gemeinsam weitermachen wollen. Funktioniert das reibungslos, können nun Vierergruppen gebildet werden. Die „Maschinenteile" der Roboter sollten dabei möglichst ineinander greifen.
Sie sollten den Kindern bei diesem Spiel Gelegenheit geben, sich auch die anderen „Roboter" anzuschauen. Häufig kommen die Kinder zu ganz unterschiedlichen und fantasievollen Lösungen.

**Die Kinder lernen bei dieser Art Spiele, andere zu akzeptieren, und erkennen die Notwendigkeit, andere in das eigene Handeln einzubeziehen. Sie erfahren auch, dass es vernünftig ist, Hilfe von anderen anzunehmen.**

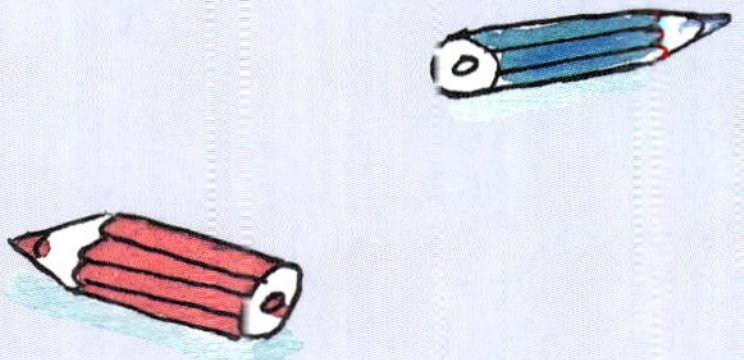

# Sprachkompetenz erweitern

Zungenbrecher und Geschichten für starke Kinder

## Zungenbrecherspiele

Alle spielen mit
Für alle Altersgruppen geeignet
Spieldauer: ca. 10 Minuten

Zungenbrecher können bei jeder Gelegenheit und in fast jeder Raumsituation eingeübt werden, ob auf dem Schoß der Pädagogin sitzend, während eines Spaziergangs, in der Kuschelecke oder im Stuhlkreis.
Beginnen Sie einfach, den Kindern einen Zungenbrecher vorzusprechen. Die Kinder werden Ihnen schnell folgen.

Der dünne Diener trägt die dicke Dame durch den dicken Dreck.
Da dankt die dicke Dame dem dünnen Diener, dass der dünne Diener die dicke Dame durch den dicken Dreck getragen hat.

Wenn Fliegen hinter Fliegen fliegen,
fliegen Fliegen Fliegen nach.

Zwischen zwei Zweigen zwitschern zwei Schwalben.

Bürsten mit kurzen Borsten
bürsten besser als Bürsten
mit langen Borsten.

Zehn zahme Ziegen
ziehen zehn Zentner
Zucker zum Zoo.

Es klapperten die Klapperschlangen,
bis die Klappern schlapper klangen.

Zungenbrecher sind bei Kindern sehr beliebte Schnellsprechverse, die ein hohes Maß an Konzentration erfordern und die richtige Artikulation der Worte notwendig machen.

## Wortverkäuferin

Alle spielen mit

Für alle Altersgruppen geeignet

Spieldauer: ca. 5–10 Minuten

Die Kinder sitzen im Kreis. In der Mitte des Kreises steht die Wortverkäuferin. Beim ersten Spieldurchgang sollten Sie diese Rolle übernehmen. Die Wortverkäuferin ruft nacheinander viele unterschiedliche Wörter: Kuchen, Geburtstag, Pferd, Sommer, Mutter, Baby ... Gefällt einem Kind ein Wort besonders gut und möchte es etwas zu dem Wort erzählen, ruft es laut: „Halt".

Variante: Das Spiel kann auch „umgedreht" werden. Die Kinder im Kreis rufen der Wortverkäuferin ein Wort zu und die muss dazu etwas erzählen.

## Wörter finden

Alle spielen mit

Alter: etwa ab 5 Jahre

Spieldauer: ca. 10–15 Minuten

Sie sitzen mit den Kindern im Kreis und fragen:

- Wer findet mindestens drei Wörter, die so ähnlich klingen wie der eigene Name?
- Wer findet ein Wort, das sich auf den eigenen Namen reimt?
- Wer erfindet einen Satz, der nur Wörter mit dem gleichen Anfangsbuchstaben hat? Beispiel: Anna angelt Aale.
- Wer findet draußen oder im Gruppenraum Dinge, die mit einem A anfangen?

**Kinder lieben die Herausforderung. Sie verfügen häufig über ein großes Wissen, das bisher nicht gefordert wurde. Dieses passive Wissen kann durch gezielt eingesetzte Spiele quasi abgerufen und gefestigt werden. Wer bestimmte Dinge noch nicht kennt, lernt sie spielerisch in der Gruppe kennen und erweitert so seinen intellektuellen Horizont.**

## Autos und Busse

Alle spielen mit
Für alle Altersgruppen geeignet
Material: ein Ball
Spieldauer: ca. 15 Minuten

Die Kinder sitzen mit gegrätschten Beinen im Kreis. Sie rollen einem Kind einen Ball zu und sagen: „Ein Auto". Das Kind rollt den Ball zurück und sagt: „Zwei Autos".
Das nächste Kind bekommt den Ball zugerollt: „Ein Bus". Es rollt den Ball zurück und sagt: „Zwei Busse". Wählen Sie einfache und schwierige Worte:

Radieschen – Radieschen
Floh – Flöhe
Karte – Karten
Puppe – Puppen
Motorrad – Motorräder
Nuss – Nüsse

**Die Sprachkompetenz ist ein wichtiger Baustein der Intelligenzentwicklung. Deswegen muss sie in der Kindertagesstätte besonders gefördert werden. Das gelingt zum Beispiel, indem Sie jede Möglichkeit nutzen, um mit Kindern ins Gespräch zu kommen, Bilderbücher betrachten, Sprach- und Rollenspiele anregen, mit Worten experimentieren. Kinder lieben jede Form von Sprachspielerei.**

**Im Alter von 4–8 Jahren spielen Geschichten für Kinder eine bedeutende Rolle im Leben. Sie entwickeln beim Erfinden und Erzählen von Geschichten eine innere Vorstellungswelt, die sie nach außen kehren können. Innere Vorstellungen, Erfahrungen und Gefühle können so zum Ausdruck gebracht werden.**

## Geschichten erfinden und erzählen

Alle spielen mit. Es werden Kleingruppen gebildet.
Für alle Altersgruppen geeignet
Material: ein paar Alltagsgegenstände wie Äpfel, Gartengeräte, Bälle, Scheren ... und Dinge aus der Verkleidungskiste wie Kronen, Tücher, Jacken ... oder Fotovorlagen
Spieldauer: 15–30 Minuten

Jede Gruppe bekommt einen Korb, in dem sich vier unterschiedliche Gegenstände oder Fotovorlagen befinden. Diese Gegenstände bilden die Grundlage für eine Geschichte, die von der jeweiligen Gruppe erfunden werden sollte. Eine Gruppe erhält z. B. das Foto einer alten Frau, eine Krone aus der Verkleidungskiste und einen Apfel. Die Geschichte der Gruppe soll sich nun um diese drei Dinge ranken. Eine andere Gruppe denkt sich vielleicht eine Geschichte aus, in der es um ein Baby, ein Telefon und eine Bierflasche geht. Die Kinder bekommen 10–15 Minuten Zeit, um sich gemeinsam eine Geschichte auszudenken. Dann wählen sie einen Erzähler oder eine Erzählerin aus, die den anderen die Geschichte präsentiert.

## König Midas

Alle spielen mit

Für alle Altersgruppen geeignet

Erzählen Sie den Kindern die Geschichte von König Midas. Die Geschichte bietet viele Gesprächsanlässe. Sie fordert insbesondere dazu auf, sich mit Werten auseinander zu setzen. Midas wollte Stärke durch Gold gewinnen.

In Zeiten, als die Menschen noch kein Geld besaßen, sondern mit Gold bezahlten, lebte König Midas. Eines Tages bekam Midas Besuch von seinem Freund, dem Weingott Bacchus. Midas bewirtete den Gast großzügig, worüber sich Bacchus so sehr freute, dass er Midas einen Wunsch erfüllen wollte. „Ich wünsche mir, dass alles, was ich berühre, zu Gold wird", sagte Midas. „Hast du dir deinen Wunsch auch wirklich gut überlegt?", fragte Bacchus. König Midas bejahte das, er wollte ein ganz besonderer König werden und so geschah es dann auch. König Midas umarmte vor lauter Freude seinen Diener, der sofort zu Gold erstarrte. Auch die Säule, an die Midas sich dann lehnte, wurde zu Gold. Jeder Stock, jeder Stein, sogar Obst und Wasser wurden zu Gold. Als Midas an seiner langen Tafel saß, um seine Mahlzeit einzunehmen, blieb ihm ein Stück Brot, das sich in Gold verwandelt hatte, im Halse stecken. Da bekam Midas es mit der Angst zu tun und er rief den Gott Bacchus um Hilfe an. Der hatte zum Glück Erbarmen und machte den Wunsch wieder rückgängig, sonst wäre Midas wohl verhungert.

Frei nacherzählte Geschichte aus der griechischen Mythologie.

Die Geschichte ist spannend und kann Impuls für die Auseinandersetzung mit folgenden Themen sein:

- Was würden die Kinder gerne in Gold verwandeln?
- Was kann man mit Gold (als Synonym für Geld) alles machen?
- Macht Reichtum glücklich?
- Warum wollte Midas gerne so viel Gold haben?
- Gibt es Dinge, die lebenswichtig sind, aber kein Geld kosten?

# Das Märchen vom Raben, der stark und klug sein wollte

Alle spielen mit
Für alle Altersgruppen geeignet

Es war einmal ein Rabe, der ohne Eltern in einer großen Rabenkolonie aufwuchs. Er war noch klein, unerfahren und nicht besonders stark. Das nutzten die anderen Raben aus. Sie ärgerten ihn und spielten ihm oft übel mit.

„Ich muss etwas unternehmen, damit mich die anderen Raben endlich in Ruhe lassen", dachte der Rabe und stellte fest, dass die Raben, die groß und stark waren, am besten dran waren. Sie wurden geachtet und in Ruhe gelassen. „Ich muss groß und stark werden", sagte sich der Rabe und begann seine Flügel zu trainieren. Er wollte am höchsten und am weitesten von allen Raben fliegen können. Deswegen übte er Hoch- und Weitflug, während die anderen sich ausruhten und faulenzten.

Einmal flog der Rabe so hoch, dass er die Erde nicht mehr sehen konnte. Dieser Flug machte ihn schrecklich müde und so schloss er kurz die Augen für ein kleines Nickerchen. Das wäre ihm beinahe zum Verhängnis geworden. Er stürzte ziemlich schnell und unsanft auf die Erde und konnte von Glück sagen, dass er sich keinen Flügel gebrochen hatte. Nachdem er sich von seinem Schreck erholt hatte, dachte er bei sich: „Ich bin schon ganz schön stark geworden und habe auch schon viel Ausdauer, aber eigentlich bin ich doch dumm. Kraft ohne Verstand, das ist nichts wert. Ich muss jetzt auch noch klug werden!"

Der Zufall sollte ihm dabei helfen. Während er vor einem Stück Fleisch saß, kam eine Eule geflogen. „Gib mir ein Stück ab", bat die Eule. „Du kannst den ganzen Rest haben, aber du musst ihn dir verdienen", entgegnete der Rabe. „Wir wollen um die Wette fliegen. Wenn du schneller um den See fliegen kannst als ich, gehört dir das Fleisch." Der Eule gefiel der Vorschlag und sie flog, so schnell sie konnte. Aber der Rabe war noch schneller. Wie ein Pfeil flog er um den See. Die Eule wollte aber nicht so schnell aufgeben. „Lass uns miteinander kämpfen", bat sie. Der Rabe war einverstanden und auch diesmal ging er als Sieger aus dem Zweikampf hervor. Die Eule musste sich eingestehen, dass der Rabe schneller und stärker war. Wütend flog sie davon.

„Ich bin wirklich stark!", sagte sich der Rabe und schwang selbstzufrieden seine Flügel, um über einen großen See nach Hause zu fliegen. Aber schon bald erlahmten seine Flügel. Er hatte die Größe des Sees falsch eingeschätzt und konnte gerade noch mit großer Müh und Not schwimmend sein Ziel erreichen. „Ich bin doch ein großer Dummkopf", sagte er sich. „Beinahe hätte ich meinen Ehrgeiz mit dem Leben bezahlt."

Während er sich von seinem Abenteuer erholte, kreiste ein Adler über ihm. „Was willst du von mir?", fragte der Rabe. „Ich wollte einmal den stärksten Raben kennen lernen", antwortete der Adler.

„Darf ich dich zum Essen einladen?" „Da sage ich nicht nein", sprach der Rabe und beide

flogen zum Horst des Adlers. Nach dem Essen wollte der Adler sich gerne selber von der Stärke des Raben überzeugen und bot ihm deswegen einen Wettkampf an. Der Rabe überlegte: „Na ja, ich würde mich ganz gerne mit dem Adler messen, aber der ist viel größer und wahrscheinlich auch stärker, wer weiß, wie so ein Kampf ausgeht." „Ich weiß etwas Besseres, wie wir unsere Kräfte messen können", erwiderte er deswegen. „Lass uns so hoch fliegen, wie wir können, und dann lassen wir uns wie ein Stein auf die Erde fallen. Wer das größte Loch in den Boden schlägt, hat gewonnen." „Das ist eine tolle Idee", antwortete der Adler. Beide flogen nun so hoch sie konnten und stürzten sich dann kopfüber hinab. Der Adler prallte wie ein Stein auf die Erde und war sofort tot. Der Rabe aber breitete kurz vor dem Aufprall die Flügel aus und landete weich auf der Erde. Er flog zufrieden krächzend heim: „Ich bin stark und schlau bin ich auch!"

Dieses Märchen erzählen die Eskimos ihren Kindern. Es eignet sich dazu, über Stärken und Schwächen zu sprechen. Die Kinder können erfahren, dass körperliche Kraft bis zu einem gewissen Grad trainiert werden kann, allein aber nichts nützt. Das Märchen lädt ein, von eigenen Erfahrungen im Umgang mit Kraft und Klugheit zu berichten und das Verhalten der Märchenfiguren zu bewerten.

**Kinder brauchen in unserer technisierten Welt Märchen, denn Märchen**

- **beflügeln ihre Fantasie,**
- **regen zum Nachdenken und Sprechen an,**
- **haben Helden, die stellvertretend für das Kind Abenteuer erleben und bewältigen können,**
- **haben immer ein gutes Ende, das schafft Vertrauen.**

# Lene hat Angst

Alle spielen mit

Für alle Altersgruppen geeignet

Eigentlich ist Lene ein ganz starkes Mädchen. Sie ist deswegen kein bisschen ängstlich, als sie zum ersten Mal bei ihrer Freundin Marie übernachten darf. Marie ist schon ganz aufgeregt. Auch Lenes Mutter ist es ein bisschen mulmig zumute. Sie gibt Lene deswegen ein Schmusetuch mit, schreibt die Telefonnummer auf ein Stück Papier und zeigt Lene noch einmal, wie das mit dem Telefonieren funktioniert. Sie versichert ihr, dass sie zur Not auch mitten in der Nacht abgeholt werden kann. Lene lacht nur laut und macht sich über alle Ratschläge lustig. Sie will auch nicht die Kinderzimmertür offen stehen lassen und vor lauter Angeberei bittet sie Maries Mutter auch noch, die Gardinen nicht zuzuziehen. „Ich möchte den Mond noch ein bisschen sehen", sagt Lene.

Mitten in der Nacht wacht Lene auf. Hat sich da nicht etwas bewegt? War da nicht ein Schatten an der Wand? Lene sitzt inzwischen senkrecht im Bett. Draußen pfeift der Wind und drinnen knackt das Holz an den Wänden. „Marie, schläfst du schon?" Sie stupst Marie an. „Marie, wach endlich auf, hier gibt's Gespenster, ich habe Angst." Marie wacht auf und reibt sich die Augen. Sie wundert sich und sagt: „Unsinn, hier sind keine Gespenster. Ich denk, du hast keine Angst."

„Hör doch mal ..."

Marie liegt unter ihrer Decke, macht „Huhuhu" und lacht sich kringelig.

Plötzlich werden beide Mädchen still. Ein Gespenst mit weißem Umhang schwebt durch das Zimmer. Jetzt flüstert auch Marie: „Tatsächlich, ein Gespenst, wir müssen fliehen." Dann sehen sie, dass das Gespenst rote Socken trägt, und beginnen zu lachen. Lene zieht dem Gespenst das Tuch vom Kopf und ...

Die Geschichte liefert Impulse, um über Ängste, Schwächen, Stärken und Mut zu sprechen. Bitten Sie die Kinder, von eigenen, ähnlichen Erlebnissen zu berichten und beraten Sie mit ihnen, wie man mit Angst umgehen kann. Angst hat viele Facetten. Ziel sollte es sein, Angst nicht als Schwäche zu begreifen, denn Angst schützt uns häufig vor Gefahren. Kinder können so erfahren, dass man stark sein kann und trotzdem Angst haben darf.

## Geschichten am laufenden Band

Alle spielen mit
Für alle Altersgruppen geeignet
Material: ein Wollknäuel, das aus vielen Einzelfäden besteht
Spieldauer: ca. 15 Minuten

Alle sitzen im Kreis. Das erste Kind nimmt das Wollknäuel in die Hand und beginnt, eine Geschichte zu erzählen. Dabei wickelt es den ersten Einzelfaden vom Knäuel und erzählt so lange, bis der Faden abgewickelt ist. Dann reicht es das Knäuel an ein anderes Kind weiter. Das Kind „spinnt den Faden weiter" und wickelt einen anderen Faden ab. Die Erzähldauer orientiert sich folglich immer an der Länge des jeweiligen Fadens.

## Konfliktsituationen besprechen

Alle spielen mit
Für alle Altersgruppen geeignet
Material: Bilder aus Illustrierten oder Fotos, die Konfliktsituationen zeigen

Alle sitzen im Kreis. Betrachten Sie mit den Kindern die Bilder. Dann wird gemeinsam besprochen, was dort wohl jeweils geschehen sein könnte. Wenn der Konflikt beschrieben wurde, können Sie folgende Impulse zum Nachdenken geben, zu denen sich die Kinder dann äußern:

- Mit welcher Person kann ich mitfühlen?
- Wie würde ich mich in dieser Situation fühlen?
- Was würde ich gerne ändern?
- Was würde ich sofort tun?
- Welche weiteren Möglichkeiten gibt es?
- Welches ist die beste Lösung?

Mögliche Konfliktsituationen:

- Kinder streiten sich.
- Kinder prügeln sich.
- Ein Kind steht abseits.
- Ein Kind ist hingefallen, die anderen stehen daneben und lachen.

**Kinder lassen sich gerne Geschichten erzählen. Dabei müssen sie zuhören und sich konzentrieren. Sie erweitern dabei auch ihren Wortschatz. Aber auch das Selbererzählen ist wichtig, weil die Sprachfähigkeit der Kinder gefördert wird. Kinder mit hoher Sprachkompetenz haben es nicht nur in der Schule, sondern grundsätzlich im Leben leichter.**

# In andere Rollen schlüpfen

Stark-mach-Rollenspiele

## Wo die wilden Kerle wohnen

Alle spielen mit
Für alle Altersgruppen geeignet
Material: ein Gong, das Buch „Wo die wilden Kerle wohnen" von Maurice Sendac, Diogenes Verlag
Spieldauer: ca. 20–30 Minuten

Sie erzählen den Kindern die Geschichte „Wo die wilden Kerle wohnen" als Vorlage für ein Rollenspiel, das die Kinder dann selbstständig in kleinen Gruppen entwickeln, oder als Mitmachgeschichte.

Max hat mit seiner Mutter gestritten und ist früh ins Bett geschickt worden. Seine Mama hat ihn einen „wilden Kerl" genannt. Max schläft ein und träumt davon, wie er zu den wilden Kerlen segelt, die ihn anbrüllen und mit den Zähnen fletschen. Sie toben fürchterlich, machen Krach und lassen sich kaum bändigen. Max versucht es mit einem Trick, er schaut den wilden Kerlen ganz fest in die Augen, ohne dabei zu zwinkern. Er muss so tun, als sei er ganz stark, als er ruft: „Seid still!" Die wilden Kerle bekommen Angst und machen Max zu ihrem Bestimmer. Max entscheidet jetzt darüber, wann Krach gemacht und getobt werden darf und wann nicht. Ruft Max: „Still!", sind die wilden Kerle wieder ganz friedlich, bis Max keine Lust mehr hat und in sein Bett zurückkehrt. Nun kann ein anderes Kind die Rolle des Max spielen.

Kinder können dieses Spiel stundenlang und immer wieder spielen. In der Rolle des Max können sie Stärke zeigen und Macht übernehmen. Sie erfahren aber auch, dass es nicht nur Spaß macht, Regie zu führen.

Wichtig ist, dass Sie vor dem Spiel folgende Regeln beachten:

- Jedes Kind wählt seine Rolle selber.
- Schubsen, treten, kneifen, hauen ist verboten.
- Wenn jemand aussteigen oder gar nicht erst mitmachen möchte, ist das in Ordnung.

Ein anschließendes Gespräch ist unbedingt notwendig.

## Die Geschichte von den beiden Kängurus

Alle spielen mit
Für alle Altersgruppen geeignet

Es waren einmal zwei Kängurus, die fürchterlich in Streit gerieten. „Ich bin das beste Känguru der Welt! Ich kann viel höher hüpfen als du!" Und schwups, saß es in einem hohen Baum.
Das andere Känguru war sauer und sagte: „Nein! Ich bin das beste Känguru! Ich kann viel weiter hüpfen als du!" Und schon während es das schrie, hüpfte es mit einem weiten Kängurusprung über die Wiese.
Das Känguru im Baum kreischte: „He, Känguru, schau her! Schau her! Bin ich nicht ein wundervoller Hochspringer?"
Und das Känguru auf der Wiese brüllte: „Sieh mich an! Sieh mich an! Ich bin das tollste Känguru der Welt, weil ich am weitesten springen kann!"
Aber beide haben gar nicht gemerkt, dass sie einander weder sehen noch hören konnten. Das eine Känguru hat viel zu hoch oben im Baum gehockt, und das andere hat viel zu weit weg zwischen den Blumen auf der Wiese gesessen.
So haben sie den ganzen Tag verbracht und geschrien und geschrien, bis ihnen die Stimme weggeblieben ist. Da wurde es plötzlich ganz still, und die beiden begannen nachzudenken.

Die Geschichte wird an dieser Stelle abgebrochen. Die Kinder bilden nun Paare, die ein Rollenspiel gestalten, in dem die Geschichte zu einem Ende geführt wird. Die Rollenspiele werden der Gesamtgruppe vorgestellt und die Lösungen diskutiert.

## Streit im Kindergarten

Alle spielen mit
Für alle Altersgruppen geeignet
Spieldauer: ca. 15 Minuten

Machen Sie die Kinder zunächst mit einer kurzen Geschichte als Einführung auf ein alltägliches Problem aufmerksam:
Während des Freispiels haben sich einige Kinder zusammengefunden, um Verstecken zu spielen. Anton möchte gerne mitspielen, deswegen stellt er sich zu dieser Gruppe. Sina will nicht, dass Anton mitspielt. Sie ist bei den anderen Kindern sehr beliebt, weil sie nett aussieht, viele Freundinnen hat und oft Kinder zu sich nach Hause einlädt. „Wenn Anton mitspielen darf", sagt sie, „spiele ich mit den anderen Kindern und ihr seid nicht mehr meine Freunde." Sie fragt Laura und Noah, die nun auch meinen, dass Anton nicht mitspielen darf.
Wenn Sina euch fragen würde, was würdet ihr sagen?

Diskutieren Sie zunächst mit den Kindern unterschiedliche Lösungsvorschläge. Geben Sie während der Erzählung dann den Impuls zum Rollenspiel: „Spielt das doch einmal vor, das klingt gut. Probiert aus, ob das eine gute Lösung ist."

## Das Zug-Spiel

Alle spielen mit

Für alle Altersgruppen geeignet

Material: Stühle, die so hingestellt werden, dass sie sich wie in einem Zugabteil gegenüberstehen

Spieldauer: ca. 15 Minuten

Im Zug-Abteil sitzt zunächst nur ein Kind. Die anderen Kinder schauen zu und entscheiden sich spontan, in das Geschehen einzusteigen und eine Rolle ihrer Wahl anzunehmen. Irgendwann steigt ein Fahrgast hinzu und beginnt ein Gespräch. Ein anderes Kind spielt den Fahrkartenkontrolleur und erwischt jemanden ohne Fahrkarte. Weitere mögliche Rollen:

- Eine alte Dame möchte gerne einen besetzten Fensterplatz haben.
- Zwei kleine Kinder sind laut und stören die Erwachsenen.
- Jemand zieht versehentlich die Notbremse.
- Es kommt jemand mit einem Getränkewagen.
- Es entsteht ein Streit, weil jemand im Nichtraucherabteil raucht ...

## Weitere Rollenspielideen

Alle spielen mit

Für alle Altersgruppen geeignet

Material: bei Bedarf Verkleidungsutensilien

Spieldauer: ein Rollenspiel kann 3 Minuten dauern, aber durchaus auch länger sein

Geben Sie den Kindern folgende Spielimpulse:

- Hans wird von seinen Freunden zum Spielen abgeholt. Seine Mama lässt ihn nicht gehen, weil sein Zimmer total chaotisch aussieht. Was tun Hans und seine Freunde, wie reagiert die Mama?
- Finn, Hanna und Torben spielen in der Sandkiste auf dem Spielplatz. Ein großes Mädchen setzt sich zu den drei Kindern und ärgert sie. Wie geht die Szene weiter? Wissen die drei Kinder sich zu helfen?
- Katrin ist ein für ihr Alter kleines und zartes Mädchen. Wenn die anderen Kinder toben und raufen, steht Katrin am Rand und schaut zu. Darum wird sie besonders von Hanna ausgelacht. Hanna ist stark wie ein Bär. Was tut Katrin, wenn Hanna sie auslacht? Gibt es andere Kinder, die Katrin helfen?
- Malte hat eine Puppe. Er liebt seine Puppe und spielt gerne mit ihr. Die Mädchen im Kindergarten lachen ihn deswegen aus. Was sagt Malte dazu, was die Erzieherin?
- Papa geht mit Lena und Christoph im Park spazieren. Sie begegnen einem Jungen, der bitterlich weint, weil er hingefallen ist. Dann sehen sie auf der Wiese zwei raufende Mädchen. Papa versteht die Welt nicht mehr. „Wo gibt es denn so was, Mädchen, die raufen, und Jungen, die weinen?"

Wie geht es weiter? Tröstet Papa den Jungen, bringt er die Mädchen auseinander? Was sagen Christoph und Lena?

Beim Einsatz von Rollenspielen ist darauf zu achten, dass

- Kinder ihre Rollen freiwillig übernehmen;
- eine kurze Szenenvorgabe gemacht wird, damit die Kinder eine Einführung in die Rolle erhalten;
- das Spiel als Rollenspiel deutlich gemacht wird, indem die Kinder Rollenspielnamen erhalten, in die Rolle eingeführt und auch wieder entlassen werden;
- jedes Rollenspiel mit einer Auswertung endet.

Bei dieser Auswertung sollte immer darauf geachtet werden, dass

- über die gespielten Rollen gesprochen wird und dabei auch die Rollenspielnamen benutzt werden (Frau Müller war unfreundlich ..., nicht Tina, die in die Rolle der Frau Müller geschlüpft ist);
- jedes Kind zunächst etwas über seine Spielerfahrung sagen darf;
- sich die Zuschauer erst äußern, wenn die RollenspielerInnen sich geäußert haben;
- Spielszenen von anderen Kindern neu inszeniert werden können.

**Rollenspiele haben u. a. eine stark ausgeprägte soziale und sprachliche Komponente. Die soziale und sprachliche Kompetenz gehören auch zu den „Basic five" und damit zu den besonders förderungswürdigen Basisqualifikationen.**

## Rollenspiele nach Bildvorlagen

Alle spielen mit. Es werden Kleingruppen gebildet.
Für alle Altersgruppen geeignet
Material: Bildkarten mit Szenen, auf denen Konfliktsituationen abgebildet sind
Spieldauer: unbestimmt, nicht 30 Minuten überschreitend

Die Kleingruppen erhalten je eine Bildkarte, die eine der folgenden Szenen zeigen kann:

- Ein Kind wird von einem Erwachsenen geschlagen.
- Eine Kindergruppe mit Fußball steht vor einem Rasen mit dem Schild „Betreten verboten!".
- Tim zieht an Ninas Haaren. Zwei Kinder stehen staunend daneben.
- Eine alte Frau sitzt auf einer Bank. Zwei Kinder versuchen, ihr die Geldbörse zu stehlen. Leon schaut zu.

Die Kindergruppen diskutieren zunächst die Bildvorlagen. Was geschieht dort? Wie konnte es zu dieser Situation kommen? Wie kann sie ausgehen? Welche positive Wende könnte es geben? Wie verhält sich ein beteiligtes oder zuschauendes starkes Kind?

Eine kurze Spielszene wird den anderen Kindern vorgespielt. Gemeinsam wird der Lösungsvorschlag noch einmal unter die Lupe genommen.

# Zur Ruhe kommen

## Fantasiereisen ins Land der Stärke

### Stark wie ein Baum

Alle spielen mit
Für alle Altersgruppen geeignet
Spieldauer: ca. 20 Minuten

Die Kinder liegen entspannt auf ihren Isomatten oder haben sich in die Kissenburg gekuschelt. Sie schließen die Augen und schicken alle Gedanken, die noch im Kopfe kreisen, in die Ferien. Sie beginnen, eine Baumgeschichte zu erzählen. Dabei machen Sie nach jedem Satz eine Pause, damit die Kinder ihre Vorstellungskraft entwickeln und sich in die Situation hineinfühlen können. Die Geschichte könnte etwa so lauten:

Stell dir vor, du bist ein Baum.
Vielleicht weißt du sogar, was für ein Baum du bist.
Bist du eine Eiche (Pause), eine Kastanie (Pause) oder bist du ein ganz anderer Baum?
Wie groß bist du?
Ragen deine Äste fast in den Himmel?
Wie dick ist dein Stamm?
Wie fühlt sich deine Rinde an?
Was hast du für Wurzeln?
Sind es dicke Wurzeln, die tief in die Erde ragen?
Wo stehst du?
Bietest du manchmal Tieren oder Menschen Schutz?
Stehst du an einer Straße (Pause) oder vielleicht mit vielen anderen Bäumen zusammen in einem Wald?
Stell dir vor, es beginnt zu stürmen. Wie geht es dir?
Magst du das?
Was magst du an dir als Baum besonders?
Denk noch ein bisschen darüber nach, wie es dir als Baum geht.
Wenn du genug geträumt hast, bewege deine Glieder wieder langsam, recke und strecke dich.
Öffne die Augen, wenn du magst.
Vielleicht magst du jetzt erzählen, wie es dir als Baum ergangen ist.

## Stell-dir-mal-vor-Fantasien

Alle spielen mit
Für alle Altersgruppen geeignet
Spieldauer: ca. 15 Minuten

Sie reisen wieder einmal mit den Kindern, die gemütlich zwischen ihren Kissen liegen, ins Land der Fantasie. Sind alle Kinder entspannt und zur Ruhe gekommen, bieten Sie folgende Fantasien an:

- Stell dir vor, du hättest einen Zaubertrank getrunken und wärst so stark wie Obelix ...
- Stell dir vor, du wärst das schlauste Kind der ganzen Stadt ...
- Stell dir vor, du wärst das mutigste Kind im ganzen Kindergarten ...
- Stell dir vor, du wärst Bürgermeister von ...
- Stell dir vor, du wärst für einen Tag Frau ... (Name der Gruppenleiterin)
- Stell dir vor, du wärst Pippi Langstrumpf ...

Machen Sie nach jedem Satz eine lange Pause, damit die Kinder ihren Fantasien nachhängen können. Später erzählen die Kinder von ihren Erlebnissen. Sie dürfen auch gerne Fragen stellen.

## Die Steinfantasie

Alle spielen mit
Für alle Altersgruppen geeignet
Material: viele unterschiedliche, maximal kinderfaustgroße Steine, pro Kind eine Matte
Spieldauer: ca. 15 Minuten

Die Kinder liegen auf den Matten, mit geschlossenen Augen und auf dem Rücken. Sie gehen von einem Kind zum anderen und legen jedem Kind einen Stein auf den Bauch. Die Kinder untersuchen den Stein nur mit ihren Händen, halten die Augen weiter geschlossen und werden von Ihnen zum weiteren Fantasieren angeregt:

- Wie alt mag der Stein wohl sein? Ist es ein „Opastein" oder eher ein „Babystein"?
- Wo kommt der Stein her? Hat er an einem Strand gewohnt oder in der Stadt? Wo hat er gelegen?
- Wie ist er zu dir gekommen? Lass dir das von deinem Stein genau erzählen. Vielleicht hat er eine weite Reise hinter sich.
- Was hat der Stein erlebt? Hat er Abenteuer bestanden? Hat er mit anderen Steinen zusammengelegen?
- Was für Träume hat der Stein? Wo will er hin?
- Was wünscht sich der Stein von dir?
- Wenn du selbst ein Stein wärst, was für ein Stein wärst du dann?

Wer mag, kann seine Steingeschichte erzählen.

## Der Vulkan bricht aus

Alle spielen mit
Für alle Altersgruppen geeignet
Material: viele Decken und Kissen zum Kuscheln

Kuschelt euch alle zwischen die Kissen, rollt euch ein und deckt euch zu. Wir alle sind jetzt schlafende Vulkane.
Der Vulkan schläft tief und fest. Es ist ganz ruhig.
Jetzt ist ein leichtes Grummeln zu hören.
Erste, ganz leichte Bewegungen sind zu sehen.
Der Vulkan wird heiß und immer heißer.
Je heißer der Vulkan wird, umso mehr bewegt er den Berg.
Der Vulkan beginnt nun zu kochen. Die Bewegungen des Berges werden stärker.
Sie werden noch stärker und noch stärker.
Plötzlich bricht der Vulkan aus und spuckt Feuer.

Die Kinder können an dieser Stelle aufspringen und die Decken und Kissen von sich werfen.
Ermuntern Sie die Kinder auch, die Vulkantätigkeit mit Geräuschen zu untermauern.
Besprechen Sie vor dem Spiel mit den Kindern, was ein Vulkan ist.

**Feuer, hier in Form des brodelnden Vulkans, steht sinnbildlich für Kraft und Reinigung. Im Laufe der Fantasiereise spüren die Kinder die immer stärker werdende Kraft, die sich dann entlädt und in Energie umgewandelt wird.**

## Der fliegende Teppich

Alle spielen mit
Für alle Altersgruppen geeignet
Material: kleiner Läufer oder Teppichfliese

Die Kinder sitzen oder liegen entspannt. Erklären Sie einen kleinen Läufer oder eine Teppichfliese zum „fliegenden Teppich" und legen Sie ihn in die Mitte. So ein fliegender Teppich ist etwas ganz Besonderes. Wenn man ihn betritt, wird man ganz stark und alle Wünsche gehen in Erfüllung. Die Kinder stellen sich nun vor, wie sie auf dem fliegenden Teppich ins Land der Träume gelangen. Dabei überlegen sie sich:

- Was fangen wir mit unseren Kräften an?
- Wo können wir uns selber, wo anderen helfen?
- Wen würden sie gerne mit auf diesen Teppich nehmen, um ihn/sie zu beschützen?

# Besuch im Land der Kinder

Alle spielen mit

Für alle Altersgruppen geeignet

Material: viele weiche Kissen und Decken

Dauer: ca. 20 Minuten

Möglicher Erzähltext:

Ich möchte euch jetzt zu einer Reise einladen. Ihr braucht kein Gepäck mitzunehmen, sondern müsst nur eure Augen schließen und ganz fest an das denken, was ich euch jetzt erzähle.

Packt eure Gedanken in einen großen Rucksack. Der Rucksack bleibt hier und er bleibt fest verschlossen. Wenn wir zurückkommen, kann jeder seinen Rucksack öffnen und die Gedanken wieder in den Kopf einkehren lassen.

Wir setzen uns jetzt in ein Flugzeug, um in ein völlig fremdes Land zu fliegen. Das Land ist das Kinderland. Dort wohnen nur Kinder. Die Eltern der Kinder wohnen im Erwachsenenland. Am Wochenende besuchen Erwachsene und Kinder sich gegenseitig. Aber während der Woche möchten die Kinder unter sich bleiben. Ob das wohl klappt, da im Kinderland?

An dieser Stelle erfolgt eine etwas längere Pause.

Das Flugzeug ist gelandet. Wir steigen aus und schauen uns um. Überall sind Kinder zu sehen.

Wir fahren mit einem Bus weiter ins Land und staunen. Hier scheint es keine Erwachsenen zu geben. Überall sehen wir nur Kinder.

Schaut euch um und seht, was die Kinder machen.

Die Kinder kommen ganz prima allein zurecht. Wie machen sie das nur?

Gibt es unter den Kindern einen Bestimmer oder eine Bestimmerin?

Vertragen sich die Kinder so ganz ohne Erwachsene?

Schaut doch mal nach, wie es den kleineren Kindern geht. Kommen die ohne Eltern zurecht?

Gehen die Kinder hier in den Kindergarten und in die Schule?

Von wem lernen die Kinder etwas?

Da streiten sich zwei Kinder, könnt ihr das auch sehen?

Werden sie sich wieder vertragen?

Was ist, wenn die Kinder Hunger haben?

Wandert noch eine Weile allein durchs Kinderland und merkt euch genau, was ihr seht und hört.

Vielleicht können wir etwas aus dem Kinderland lernen?

Achten Sie darauf, dass zwischen Ihren Sätzen ausreichend Pausen entstehen, damit die Kinder ihre Gedanken spielen lassen können.

Führen Sie die Kinder langsam wieder in die Realität zurück, jedes Kind bestimmt dabei selbst das Tempo.

Kinder, die mögen, können von ihren Erfahrungen berichten. Besprechen Sie auch, ob es Dinge gibt, die man tun kann, wenn man nicht in einem Kinderland wohnt. Und es ergibt sich sicher auch die Gelegenheit zu besprechen, was das gemeinsame Leben verschiedener Generationen so schön und spannend macht.

# Bücher zum Weiterlesen und nützliche Adressen


Fachbücher:

Brandt, Petra: Erlebnispädagogik – Abenteuer für Kinder, Herder, Freiburg im Breisgau 2001

Brandt, Petra: Das muss draußen herrlich sein. Lambertus, Freiburg im Breisgau 1997

Diekhof, Mariele: Phantasien aus der Schatzkiste, Pädagogik-Verlag Mawo 1998

Focks, Petra: Starke Mädchen, starke Jungs, Herder, Freiburg im Breisgau 2002

Ferrari, Reanate: Wörter haben bunte Flügel, Christophorus, Freiburg im Breisgau 1998

Geissler, Uli: Wilde Spiele, Ökotopia, Münster 1999

Hechenberger, Alois/Michaelis, Bill/O'Connell, John: Bewegte Spiele für die Gruppe, Ökotopia, Münster 2001

LeFevre, Dale: Das kleine Buch der neuen Spiele, Verlag an der Ruhr, Mülheim/Ruhr 1992

Murphy Witt, Monika/Stamer-Brandt, Petra: Was Kinder für die Zukunft brauchen. Gräfe und Unzer Verlag, München 2004

Schneider, Sylvia: Das Stark-mach-Buch, Christophorus, Freiburg im Breisgau 2002

Singerhoff, Lorelies: Starke Kinder, Rowohlt, Reinbek bei Hamburg 1999

Huber, Barbara/Nicolai, Heidi/Sommerfeld, Verena: Toben, raufen, Kräfte messen, Ökotopia, Münster 1999

Stamer-Brandt, Petra: Wut-weg-Spiele, Christophorus, Freiburg im Breisgau 2003

Wilmes-Mielenhausen, Brigitte: Komm mit auf meine Ruheinsel, Christophorus, Freiburg im Breisgau 2001

Zimmermann, Monika: Kinder spielerisch zur Ruhe führen, Gräfe und Unzer, München 2002

## Bilderbücher für Kinder, die stark werden wollen:

Johansen, Hanna/Gleich, Jacky: Sei doch mal still, Hanser, München 2002

Dietl, Erhard: Der tapfere Theo, Thienemann, Stuttgart 1999

Heine, Helme: Der Club, Beltz, Weinheim 2003

Broere, Rien/de Bode, Ann: Keine Angst vor der Bande, Edition Fuchs und Hase 2000

Sendak, Maurice: Wo die wilden Kerle wohnen, Diogenes, Zürich 1967

Nöstlinger, Christine: Willi und die Angst, Dachs, Wien, 1999

Kirchberg, Ursula: Krach mit Britta, Ellermann, München 1996

Falconer, Ian: Olivia, Oetinger, Hamburg 2001

## Entspannungsmusik:

Buntrock, Martin: Traumreise, CD, mentalis Verlag, Essen 1993

Evans, Gomer E.: Dreams of Harmony. Traumhaft harmonische Meditationsmusik für Kinder, CD, Edition Neptun 2000

## Videofilm:

Boie, Kirsten/Bauer, Jutta: Juli, Jumbo, Hamburg 1998

## CD-Rom- Spielgeschichte:

Der kleine Rabe Socke, Tivola, Berlin 2000

## Internetadressen:

Wenn Sie pädagogische
oder juristische Ratschläge brauchen:
www.familienhandbuch.de
www.kindergartenpaedagogik.de
www.fitfuerdiezukunft.de
www.mobile-familienmagazin.de

Wenn Sie Praxishilfen oder Materialien brauchen:
www.kigaweb.de

Wenn Sie einmal die Fragen der Kinder
nicht selber beantworten können:
www.loewenzahn.de

**Petra Stamer-Brandt** ist Erzieherin, Sozialpädagogin, stellvertretende Schulleiterin an der Fachschule für Sozialpädagogik in Hamburg-Altona und Lehrbeauftragte an der Christian-Albrechts-Universität in Kiel. Sie ist im Bereich der Fortbildung mit den Arbeitsschwerpunkten Projektarbeit, Umwelt- und Spielpädagogik, Partizipation und Teamentwicklung tätig.


www.christophorus-verlag.de


Printed in Germany

ISBN 3-419-53049-8



Lektorat: Anima Kröger

Illustrationen: Klaus Puth
www.gansinternett.de

Coverfoto: Heidi Velten

Fotos:
Ursula Markus: Seite 32
Ulrich Niehoff: Seiten 24, 42
Miguel Perez: Seite 50
Heidi Velten: Seiten 9, 10, 16, 20, 54

Umschlaggestaltung: Network!, München
Layout & Satz: Uwe Stohrer Werbung, Freiburg
Herstellung: Himmer, Augsburg 2004

**Hier zeigen wir Ihnen eine Auswahl unserer beliebten und erfolgreichen Bücher – und wir haben noch viele andere im Programm. Wir informieren Sie gerne, fordern Sie einfach unser Verlagsprogramm an:**

3-419-**53043**-9

3-419-**53044**-7

3-419-**53046**-3

3-419-**53048**-X

3-419-**53030**-7

3-419-**53616**-X

## Bücher für Erzieherinnen, Eltern und Kinder

## Bücher für Eltern und Familie

## Bücher für Kinder

## Bücher für Ihre Hobbys

Wir sind für Sie da, wenn Sie Fragen haben. Und wir interessieren uns für Ihre eigenen Ideen und Anregungen. Faxen Sie, schreiben Sie oder rufen Sie uns an.
Wir hören gerne von Ihnen!

Ihr Christophorus-Verlag

CHRISTOPHORUS

Hermann-Herder-Straße 4
79104 Freiburg i. Breisgau
www.christophorus-verlag.de
Telefon: 0761 / 2717 - 268 oder
Fax: 0761 / 2717 - 352